KB177718

유튜브에서 왔습니다

쓰지 않아도 외워지는

# あ라가나 ア타카나

와카메센세 지음

동양북스

쓰지 않아도 외워지는
**히라가나 가타카나**

초판 8쇄 | 2024년 5월 15일

지은이 | 와카메센세
발행인 | 김태웅
기획 편집 | 길혜진
일러스트 | 신은영
디자인 | 남은혜, 김지혜
마케팅 총괄 | 김철영
온라인 마케팅 | 김은진
제　작 | 현대순

발행처 | (주)동양북스
등　록 | 제 2014-000055호 (2014년 2월 7일)
주　소 | 서울시 마포구 동교로22길 14 (04030)
구입문의 | 전화 (02)337-1737　팩스 (02)334-6624
내용문의 | 전화 (02)337-1762　dybooks2@gmail.com

ISBN 979-11-5768-626-1 13730


▶ 도서출판 동양북스에서는 소중한 원고, 새로운 기획을 기다리고 있습니다.
http://www.dongyangbooks.com

# 머리말

아 이 시 떼 루
あいしてる

가슴 설레는 그 말.

일본어로 말하고 싶고

적어보고 싶지 않나요?

꼭 용기 내어 일본어를 시작해주세요.

전 여러분이

일본어를 사랑하게 할

자신이 있거든요♥

# 목차


머리말 3

이 책의 구성 6

일본어 3총사를 아시나요? 8

**히라가나**

あいうえお 아이우에오 12

かきくけこ 카키쿠케코 22

さしすせそ 사시스세소 32

한입 회화 우동(가락국수) 주세요. 42

한입 히라가나 인사 43

**히라가나**

たちつてと 타치츠테토 44

なにぬねの 나니누네노 54

はひふへほ 하히후헤호 64

한입 회화 템뿌라(튀김) 얼마? 74

한입 히라가나 동사 75

**히라가나**

まみむめも 마미무메모 76

やゆよ 야유요 86

らりるれろ 라리루레로 92

わをん 와오응 102

한입 회화 요야꾸(예약) 부탁해. 108

한입 히라가나 히라가나 얼굴 만들기 109

히라가나 졸업식 110

**가타카나**

アイウエオ 아이우에오 114

カキクケコ 카키쿠케코 124

サシスセソ 사시스세소 134

한입 회화 더워. 에아꽁(에어컨) 켜. 144

한입 가타카나 한국음식 145

가타카나

タチツテト 타치츠테토 146
ナニヌネノ 나니누네노 156
ハヒフヘホ 하히후헤호 166
한입 회화 소우루(서울) 가자. 176
한입 가타카나 지명 177

가타카나

マミムメモ 마미무메모 178
ヤユヨ 야유요 188
ラリルレロ 라리루레로 194
ワヲン 와오응 204
한입 회화 푸로뽀-즈(프러포즈) 할 거야. 210
한입 가타카나 조미료 211

가타카나 졸업식 212

발음의 비밀

❶ 탁하게 〈탁음 ゛〉 216
❷ 반만 탁하게 〈반탁음 ゜〉 217
❸ 반모음처럼 〈요음〉 218
❹ ㅅ받침처럼 〈촉음 っ〉 219
❺ ㅇ받침처럼 〈ん발음〉 220
❻ 길게 하는 〈장음〉 221

발음 졸업식 222

# 이 책의 구성

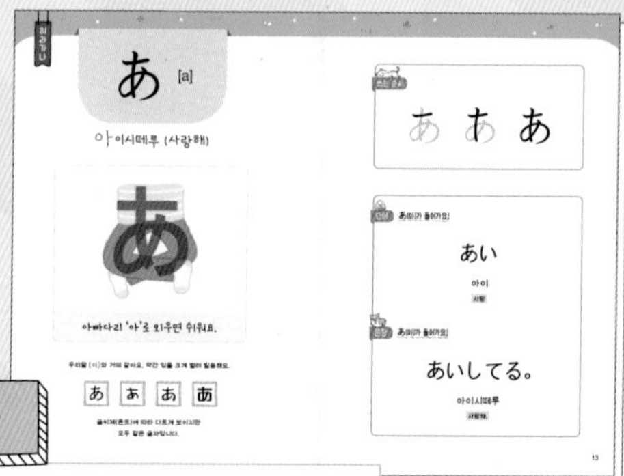


## 히라가나/가타카나

외우기 쉬운 그림과 함께 글자를 외워요.
익숙한 단어와 문장을 통해 좀 더 확실히 외울 수 있어요!

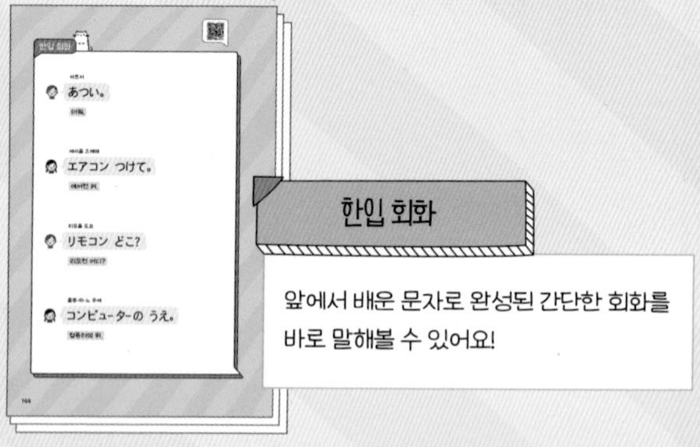


## 한입 회화

앞에서 배운 문자로 완성된 간단한 회화를
바로 말해볼 수 있어요!

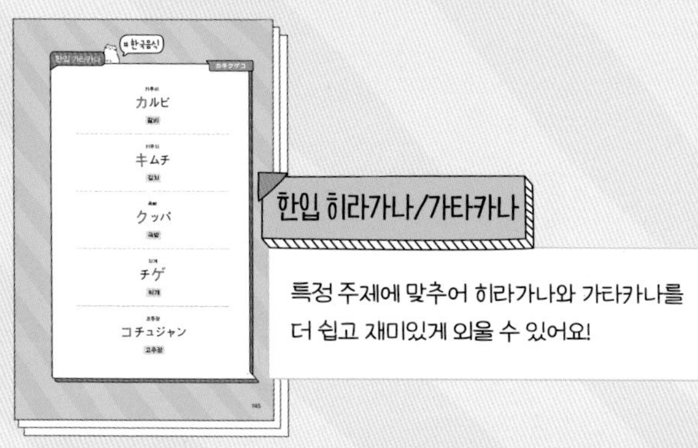


## 한입 히라가나/가타카나

특정 주제에 맞추어 히라가나와 가타카나를 더 쉽고 재미있게 외울 수 있어요!

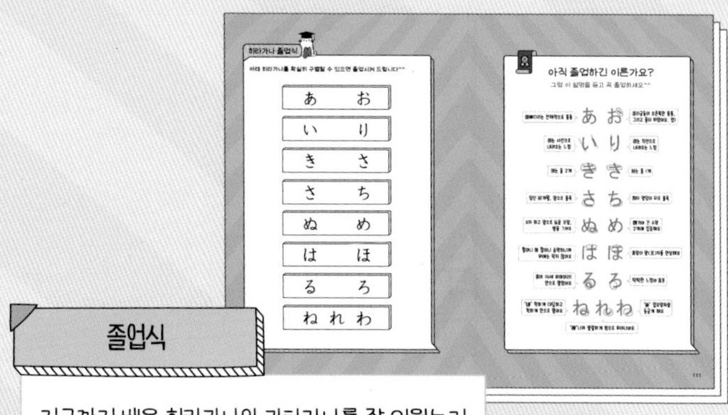


## 졸업식

지금까지 배운 히라가나와 가타카나를 잘 외웠는지 마지막으로 테스트해볼 수 있어요.

## 일본어 3총사를 아시나요?

スーパーへ行きます

히라가나 へ, きます

가타카나 スーパー

한자 行

## 히라가나

부드러운 글자, 동글동글 써주세요.

(조사, 조동사, 부사, 접속사 등에 사용)

## 가타카나

강한 글자, 반듯반듯 써주세요.

(외래어, 고유명사 등에 사용)

## 한자

우리가 아는 그 한자,

일본어한자는 여기선 다루지 않아요.

발음 듣기
히라가나

한 눈에 외우기

단→
행↓
아 あ
이 い
우 う
에 え
오 お
카 か
키 き
쿠 く
케 け
코 こ
사 さ
시 し
스 す
세 せ
소 そ
타 た
치 ち
츠 つ
테 て
토 と
나 な
니 に
누 ぬ
네 ね
노 の
하 は
히 ひ
후 ふ
헤 へ
호 ほ
마 ま
미 み
무 む
메 め
모 も
야 や
유 ゆ
요 よ
라 ら
리 り
루 る
레 れ
로 ろ
와 わ
오 を
응 ん


우리가 지금부터 외워야 할 글자는 46개입니다.

あ(아) 계열로 발음되는 '아 단'부터 외워요.

あかさたな / はまや / らわ
아 카 사 타 나 / 하 마 야 / 라 와

아까 샀잖아 / (이) 하마야 / 나와

이 말을 꼭 기억해주세요!

[a]

아이시떼루 (사랑해)

아빠다리 '아'로 외우면 쉬워요.

우리말 [아]와 거의 같아요. 약간 입을 크게 벌려 발음해요.

글씨체(폰트)에 따라 다르게 보이지만
모두 같은 글자입니다.

## 쓰는 순서

### 단어 あ(아)가 들어가요!

あい

아이

사랑

### 문장 あ(아)가 들어가요!

あいしてる。

아이시떼루

사랑해.

키모찌이- (기분 좋아)

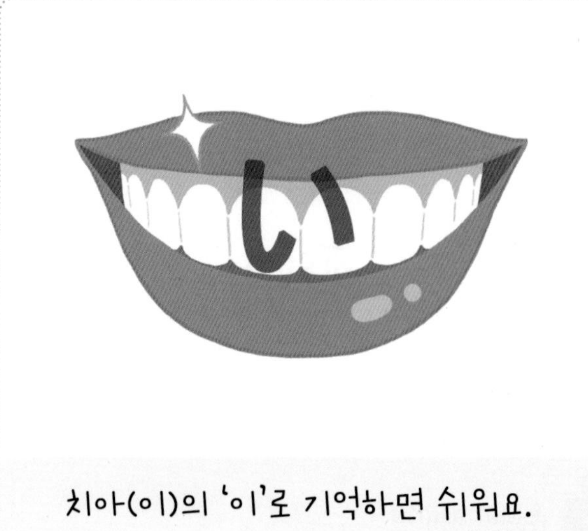

치아(이)의 '이'로 기억하면 쉬워요.

우리말 [이]와 거의 같아요. 조금 짧게 발음해요.

글씨체(폰트)에 따라 다르게 보이지만
모두 같은 글자입니다.

쓰는 순서

い い

일본어에도 장음이 있어요.
앞의 글자를 길게 발음하는 거예요.
'이이'로 하나하나 발음하지 않고
'이-'라고 합니다.

단어 い(이)가 들어가요!

いい

이-

좋아

문장 い(이)가 들어가요!

きもち いい。

키모찌 이-

기분 좋아.

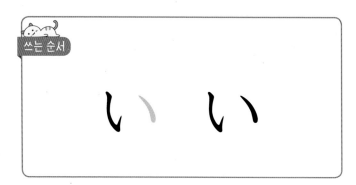

# う [u]

## 우동 (가락국수)

우산의 '우'로 기억하면 쉬워요.

우리말 [우]와 [으]의 중간음! 입술을 앞으로 내밀지 않아요.

글씨체(폰트)에 따라 다르게 보이지만
모두 같은 글자입니다.

쓰는 순서

う う

단어 う(우)가 들어가요!

うどん

우동

가락국수

문장 う(우)가 들어가요!

うどん、ください。

우동, 쿠다사이

가락국수 주세요.

이이에 (아니오)

에어로빅의 '에'로 외우면 쉬워요.

우리말 [에]와 거의 같아요. [애]보다는 입을 작게 하세요.

글씨체(폰트)에 따라 다르게 보이지만
모두 같은 글자입니다.

쓰는 순서

え　え

단어 え(에)가 들어가요!

いいえ

이이에

아니오

문장 え(에)가 들어가요!

いちえんです。

이찌엔데스

1엔입니다.

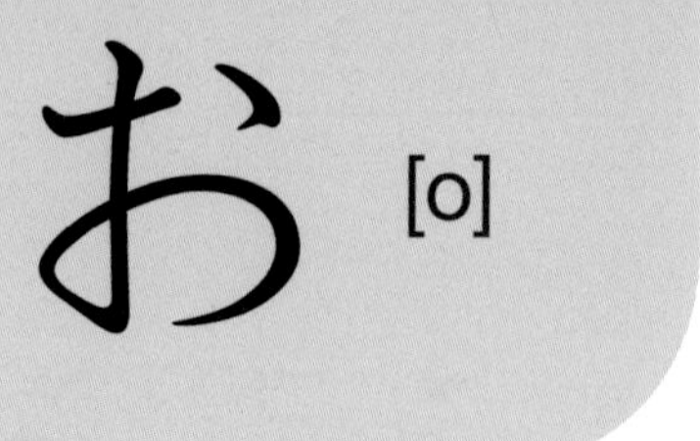


[o]

오뎅 (어묵)

오리의 '오'로 외우면 쉬워요.

우리말 [오]와 거의 같아요. [오]보다는 입을 내밀지 않아요.

글씨체(폰트)에 따라 다르게 보이지만
모두 같은 글자입니다.

쓰는 순서

단어 お(오)가 들어가요!

おでん

오뎅

어묵

문장 お(오)가 들어가요!

おでん、おいしい。

오뎅, 오이시-

어묵 맛있어.

카오 (얼굴)

카메라의 '카'로 외우면 쉬워요.

어두에서는 [카]와 [가]의 중간, 어중에서는 [까]와 비슷해요.

글씨체(폰트)에 따라 다르게 보이지만
모두 같은 글자입니다.

쓰는 순서

か か か

단어 か(카)가 들어가요!

かお

카오

얼굴

문장 か(카)가 들어가요!

かお、かわいい。

카오, 카와이-

얼굴 귀여워.

[ki]

츠끼다시 (전채요리)

기타의 '키'로 외우면 쉬워요.

어두에서는 [키]와 [기]의 중간, 어중에서는 [끼]와 비슷해요.

글씨체(폰트)에 따라 다르게 보이지만
모두 같은 글자입니다.

쓰는 순서

き き き き

TIP

츠끼다시는 처음에 내놓는 가벼운 안주, 전채(前菜)를 말하는데요. 일본에서는 대부분 유료예요. 자릿세의 개념으로 이해하시면 됩니다.

단어 き(키)가 들어가요!

# つきだし

츠끼다시

전채요리

문장 き(키)가 들어가요!

# つきだし、おいしい。

츠끼다시, 오이시-

전채요리 맛있어.

## 쿠루마 (자동차)

쿠션의 '쿠'로 외우면 쉬워요.

어두에서는 [쿠]와 [구]의 중간, 어중에서는 [꾸]와 비슷해요.

글씨체(폰트)에 따라 다르게 보이지만
모두 같은 글자입니다.

단어 く(쿠)가 들어가요!

くるま

쿠루마

자동차

문장 く(쿠)가 들어가요!

くるま、ほしい。

쿠루마, 호시-

자동차 원해.

사께 (술)

포옹하려는 남녀를 보며 '케케케',
유치하지만 이렇게 외워주세요^^

어두에서는 [케]와 [게]의 중간, 어중에서는 [께]와 비슷해요.

글씨체(폰트)에 따라 다르게 보이지만
모두 같은 글자입니다.

쓰는 순서

け け け

단어 け(케)가 들어가요!

さけ

사께

술

문장 け(케)가 들어가요!

さけ、ほしい。

사께, 호시-

술 원해.

콘니찌와 (안녕하세요)

눈 감고 '코'

어두에서는 [코]와 [고]의 중간, 어중에서는 [꼬]와 비슷해요.

글씨체(폰트)에 따라 다르게 보이지만
모두 같은 글자입니다.

쓰는 순서

단어 こ(코)가 들어가요!

# こんにちは

콘니찌와

안녕하세요

문장 こ(코)가 들어가요!

# こいびと、ほしい。

코이비또, 호시-

애인 원해.

[sa]

사시미 (생선회)

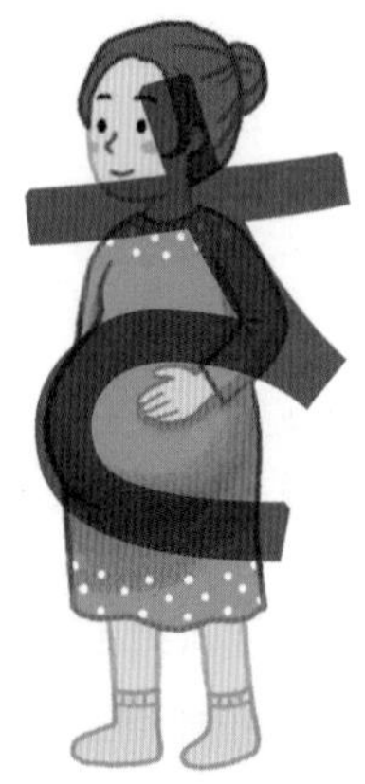

임신 4개월의 '사'로 외워주세요.

우리말 [사]와 거의 비슷한 발음이에요.

글씨체(폰트)에 따라 다르게 보이지만
모두 같은 글자입니다.

쓰는 순서

단어 さ(사)가 들어가요!

さしみ

사시미

생선회

문장 さ(사)가 들어가요!

さよなら。

사요나라

안녕.(헤어질 때 인사)

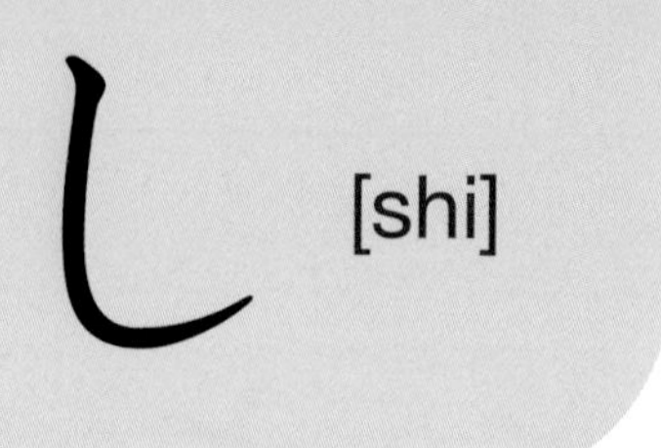


시따 (아래)

'내가 니 시다바리가' 그 유명한 대사로도 익숙하죠?

낚시 '시'로 외우면 편해요.

발음 표기는 [shi]예요. 입술을 내밀지 말고 옆으로 벌려 발음해요.

글씨체(폰트)에 따라 다르게 보이지만
모두 같은 글자입니다.

쓰는 순서

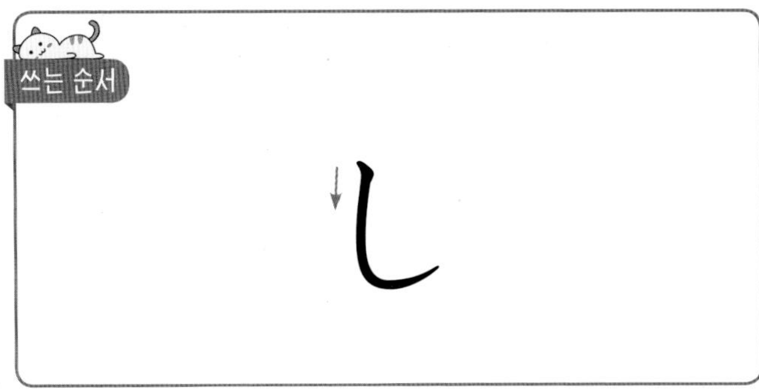

단어 し(시)가 들어가요!

した

시따

아래

문장 し(시)가 들어가요!

あいしてる。

아이시떼루

사랑해.

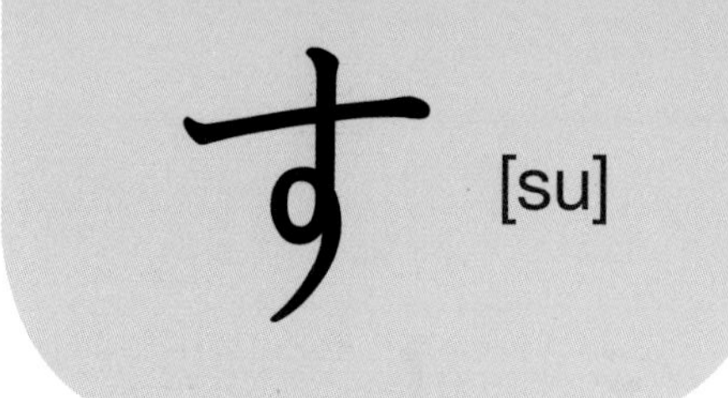


스시 (초밥)

스프링의 '스'로 외워주세요.

우리말 [수]와 [스]의 중간음으로 발음해요.

글씨체(폰트)에 따라 다르게 보이지만
모두 같은 글자입니다.

쓰는 순서

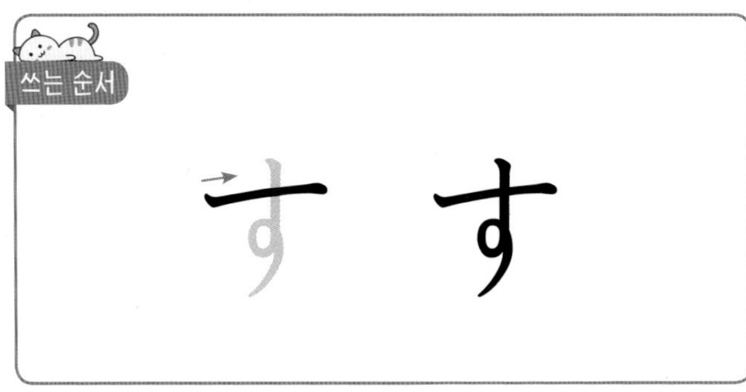

단어 す(스)가 들어가요!

すし

스시

초밥

문장 す(스)가 들어가요!

すし、すき。

스시, 스끼

초밥 좋아해.

센세- (선생님)

실제로 한자 世(세상 세)에서
히라가나 '세'가 나왔어요.

우리말 [세]와 거의 비슷한 발음이에요.

글씨체(폰트)에 따라 다르게 보이지만
모두 같은 글자입니다.

쓰는 순서

せ せ せ

단어 せ(세)가 들어가요!

せんせい

센세-

선생님

문장 せ(세)가 들어가요!

いらっしゃいませ。

이랏샤이마세

어서 오세요.

소바 (메밀국수)

소뿔에 고삐! '소'로 외우면 편해요.

우리말 [소]와 거의 비슷한 발음이에요.

글씨체(폰트)에 따라 다르게 보이지만
모두 같은 글자입니다.

そ, そ 모두 많이 쓰여요.
여러분 편한 것으로 하세요^^

쓰는 순서

단어 そ(소)가 들어가요!

そば

소바

메밀국수

문장 そ(소)가 들어가요!

そば、おいしい。

소바, 오이시-

메밀국수 맛있어.

이랏샤이마세

いらっしゃいませ。

어서 오세요.

우동, 쿠다사이

うどん、ください。

가락국수 주세요.

춋또 맛떼 쿠다사이

ちょっと まって ください。

잠시 기다려 주세요.

우동, 오이시-

うどん、おいしい。

가락국수 맛있어.

#인사



아리가또-

ありがとう。

고마워.

이랏샤이마세

いらっしゃいませ。

어서 오세요.

응 / 으응

うん。ううん。

응. 아니.

하이 / 이이에

はい。いいえ。

네. 아니오.

오야스미

おやすみ。

잘자.

# た [ta]

## 타꼬야끼 (문어빵)

타조의 '타'로 외우면 편해요.

어두에서는 [타]와 [다]의 중간, 어중에서는 [따]와 비슷해요.

글씨체(폰트)에 따라 다르게 보이지만
모두 같은 글자입니다.

쓰는 순서

たたたた

단어 た(타)가 들어가요!

たこやき

타꼬야끼

문어빵

문장 た(타)가 들어가요!

たこやき、たかい。

타꼬야끼, 타까이

문어빵 비싸.

# ち [chi]

치라시 (전단지)

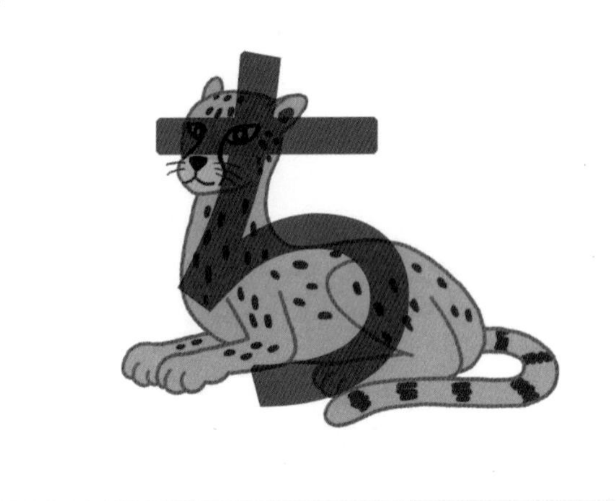

치타의 '치'로 외우면 편해요.

우리말 [치]와 [찌]의 중간음으로 발음해요.

글씨체(폰트)에 따라 다르게 보이지만
모두 같은 글자입니다.

쓰는 순서

ち ち

단어 ち(치)가 들어가요!

ちらし

치라시

전단지

문장 ち(치)가 들어가요!

ちらし、みて。

치라시, 미떼

전단지 봐.

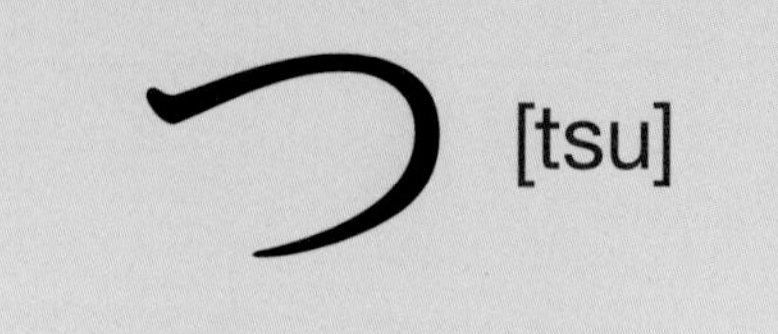


츠나미 (해일)

부츠의 '츠'로 외우면 편해요.

우리말 [츠]와 [쯔]의 중간음으로 발음해요.

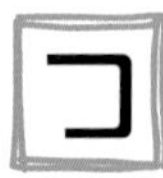


글씨체(폰트)에 따라 다르게 보이지만
모두 같은 글자입니다.

## 쓰는 순서

## 단어

つ(츠)가 들어가요!

つなみ

츠나미

해일

## 문장

つ(츠)가 들어가요!

つなみ、こわい。

츠나미, 코와이

해일 무서워.

# て [te]

## 템뿌라 (튀김)

안경테의 '테'로 외우면 편해요.

어두에서는 [테]와 [데]의 중간, 어중에서는 [떼]와 비슷해요.

글씨체(폰트)에 따라 다르게 보이지만
모두 같은 글자입니다.

쓰는 순서

단어 て(테)가 들어가요!

てんぷら

템뿌라

튀김

문장 て(테)가 들어가요!

てんぷら、いくら?

템뿌라, 이꾸라

튀김 얼마?

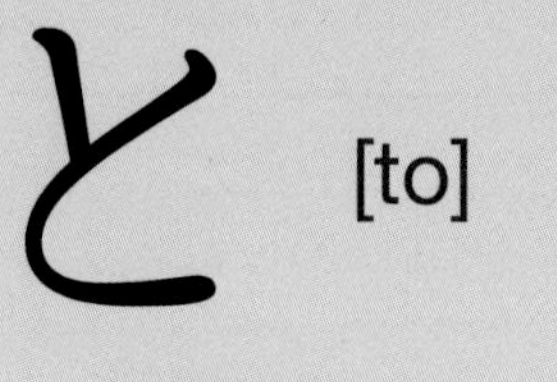


[to]

벤또 - (도시락)

토끼의 '토'로 외우면 편해요.

어두에서는 [토]와 [도]의 중간, 어중에서는 [또]와 비슷해요.

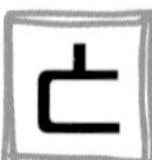

글씨체(폰트)에 따라 다르게 보이지만
모두 같은 글자입니다.

쓰는 순서

と と

단어 と(토)가 들어가요!

べんとう

벤또-

도시락

문장 と(토)가 들어가요!

ちょっと、まって。

춋또, 맛떼

잠시 기다려.

나베 (냄비)

바나나의 '나'로 외우면 편해요.

우리말 [나]와 거의 비슷한 발음이에요.

글씨체(폰트)에 따라 다르게 보이지만
모두 같은 글자입니다.

쓰는 순서

なななな

단어 な(나)가 들어가요!

なべ

나베

냄비

문장 な(나)가 들어가요!

なべ、ない。

나베, 나이

냄비 없어.

# に [ni]

니홍고 (일본어)

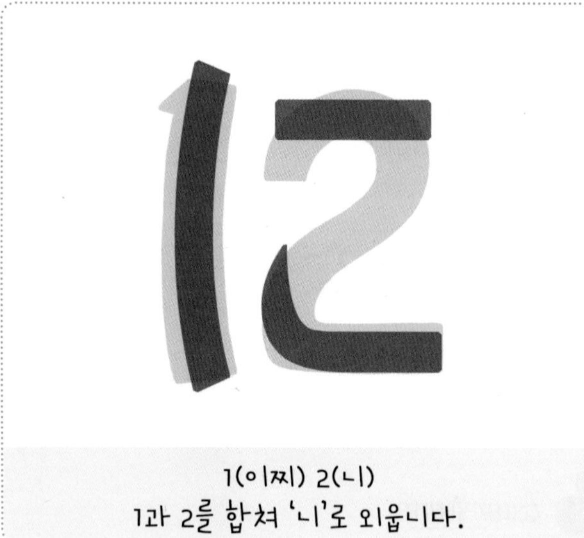

1(이찌) 2(니)
1과 2를 합쳐 '니'로 외웁니다.

우리말 [니]와 거의 비슷한 발음이에요.

글씨체(폰트)에 따라 다르게 보이지만
모두 같은 글자입니다.

쓰는 순서

に に に

단어 に(니)가 들어가요!

にほんご

니홍고

일본어

문장 に(니)가 들어가요!

にほんごで なに?

니홍고데 나니

일본어로 뭐야?

[nu]

이누 (개)

팔을 X로 하고 누운 모양 '누'로 외웁니다.

[누]와 [느]의 중간음으로 발음해요.

글씨체(폰트)에 따라 다르게 보이지만
모두 같은 글자입니다.

쓰는 순서

단어 ぬ(누)가 들어가요!

いぬ

이누

개

문장 ぬ(누)가 들어가요!

いぬ、すき。

이누, 스끼

개 좋아해.

[ne]

네꼬 (고양이)

바로 앞 글자 ぬ(누)의 누워 있는 남자가
이젠 '네' 하고 일어난 거예요^^

우리말 [네]와 거의 비슷한 발음이에요.

글씨체(폰트)에 따라 다르게 보이지만
모두 같은 글자입니다.

쓰는 순서

단어 ね(네)가 들어가요!

ねこ

네꼬

고양이

문장 ね(네)가 들어가요!

ねこ、すき。

네꼬, 스끼

고양이 좋아해.

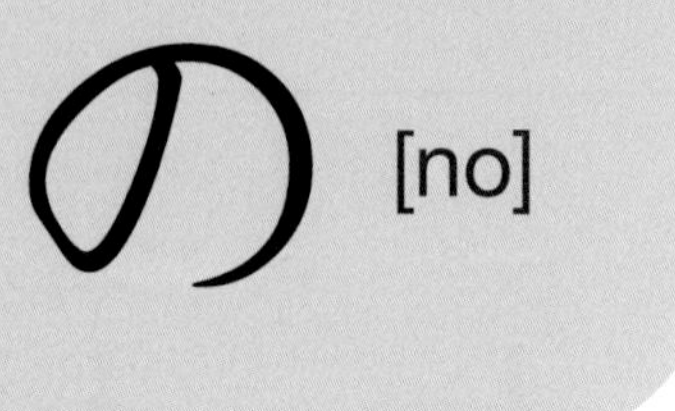


키모노 (일본 전통의상)

노 스모킹(no-smoking)의 '노'로 외워주세요.

우리말 [노]와 거의 비슷한 발음이에요.

글씨체(폰트)에 따라 다르게 보이지만
모두 같은 글자입니다.

쓰는 순서

단어 の(노)가 들어가요!

# きもの

키모노

일본 전통의상

문장 の(노)가 들어가요!

# きもの、すき。

키모노, 스끼

일본 전통의상 좋아해.

# は [ha]

하라쥬꾸 (도쿄의 하라주쿠)

지팡이 들고 있는 할머니 '하'로 외워주세요.

우리말 [하]와 거의 비슷한 발음이에요.

글씨체(폰트)에 따라 다르게 보이지만
모두 같은 글자입니다.

쓰는 순서

は は は

하라쥬꾸는 일본어 학습자를 위해 일본어 발음과 가장 가깝게 표기한 것이에요. 〈일본어의 한글 표기〉로 '하라주쿠'라고 한국에서 공식적으로 사용해요.

단어 は(하)가 들어가요!

はらじゅく

하라쥬꾸

하라주쿠

문장 は(하)가 들어가요!

はい。いいえ。

하이 / 이이에

네. 아니오.

히라가나

우리말 [히]와 거의 비슷한 발음이에요.

글씨체(폰트)에 따라 다르게 보이지만
모두 같은 글자입니다.

쓰는 순서

단어 ひ(히)가 들어가요!

ひらがな

히라가나

히라가나

문장 ひ(히)가 들어가요!

ひらがな、できる。

히라가나, 데끼루

히라가나 할 수 있어.

# ふ [hu]

후지상 (후지산)

이 친구는 펭귄이 아니라 '훙귄'이에요^^
훙귄의 '후'

우리말 [후]와 [흐]의 중간음으로 발음해요.

글씨체(폰트)에 따라 다르게 보이지만
모두 같은 글자입니다.

쓰는 순서

단어 ふ(후)가 들어가요!

ふじさん

후지상

후지산

문장 ふ(후)가 들어가요!

ふじさん、みて。

후지상, 미떼

후지산 봐.

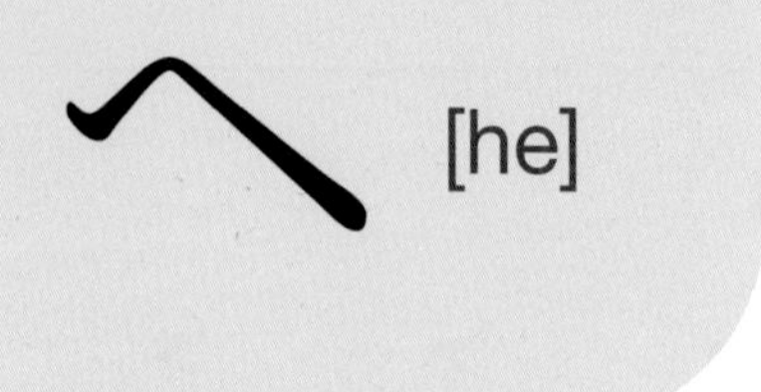


## 헨따이 (변태)

헨따이(변태)가 '헤헤헤' 웃고 있어요.

우리말 [헤]와 거의 비슷한 발음이에요.

글씨체(폰트)에 따라 다르게 보이지만
모두 같은 글자입니다.

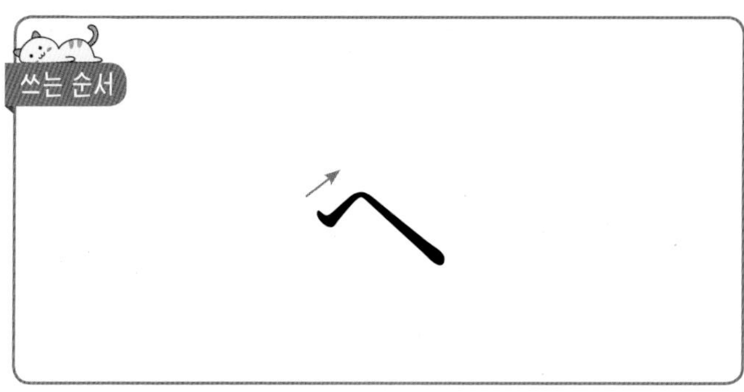

단어 へ(헤)가 들어가요!

へんたい

헨따이

변태

문장 へ(헤)가 들어가요!

へんたい、こわい。

헨따이, 코와이

변태 무서워.

# ほ [ho]

혼또- (정말)

호랑이의 앞발, 왕(王)자 모양 모두 기억해주세요.
호랑이의 '호' 입니다.

우리말 [호]와 거의 비슷한 발음이에요.

글씨체(폰트)에 따라 다르게 보이지만
모두 같은 글자입니다.

쓰는 순서

ほ ほ ほ ほ

단어 ほ(호)가 들어가요!

ほんとう

혼또-

정말

문장 ほ(호)가 들어가요!

ほんとうだ。

혼또-다

정말이다.

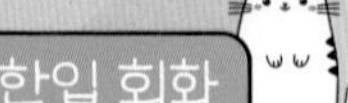


템뿌라, 이꾸라

てんぷら、いくら?

튀김 얼마?

치라시, 미떼

ちらし、みて。

전단지 봐.

타까이네

たかいね。

비싸네.

혼또-다

ほんとうだ。

정말이다.

# 동사



いく(가다)의 화려한 5단 변신

이까나이

いかない。

가지 않다.

이끼마스

いきます。

갑니다.

이꾸

いく。

가다.

이께

いけ。

가.

이꼬-

いこう。

가자.

# ま [ma]

## 망가 (만화)

깍두기 아저씨 인상 쓸 때를 기억해주세요.
인마의 '마'

우리말 [마]와 거의 비슷한 발음이에요.

글씨체(폰트)에 따라 다르게 보이지만
모두 같은 글자입니다.

쓰는 순서

ま ま ま

단어 ま(마)가 들어가요!

まんが

망가

만화

문장 ま(마)가 들어가요!

まんが、すき。

망가, 스끼

만화 좋아해.

[mi]

미깡 (밀감)

숫자 2와 비슷하게 생겼죠?
그래서 2(이) 아니고 '미'라고 외워주세요^^

우리말 [미]와 거의 비슷한 발음이에요.

글씨체(폰트)에 따라 다르게 보이지만
모두 같은 글자입니다.

쓰는 순서

み　み

단어　み(미)가 들어가요!

みかん

미깡

밀감

문장　み(미)가 들어가요!

すみません。

스미마셍

죄송합니다.

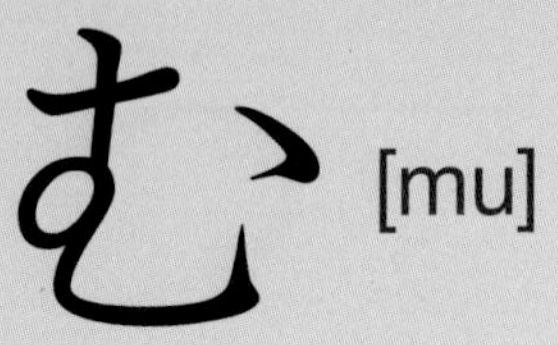


무리

우리말과 일본어 '무리' 뜻이 같아요.

'무'를 떠올리며 외워주세요^^

우리말 [무]와 [므]의 중간음으로 발음해요.

글씨체(폰트)에 따라 다르게 보이지만
모두 같은 글자입니다.

쓰는 순서

단어 む(무)가 들어가요!

むり

무리

무리

문장 む(무)가 들어가요!

わたし、むり。

와따시, 무리

나 무리(나 못해).

# め [me]

히메 (공주)

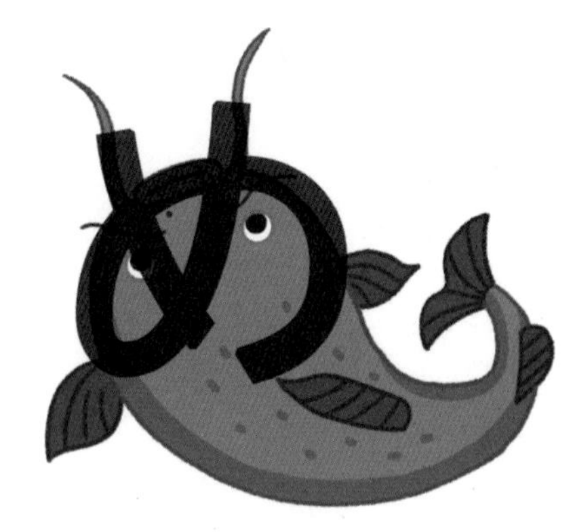

메기의 수염을 떠올리며 외워주세요.
메기의 '메'

우리말 [메]와 거의 비슷한 발음이에요.

글씨체(폰트)에 따라 다르게 보이지만
모두 같은 글자입니다.

쓰는 순서

단어 め(메)가 들어가요!

ひめ

히메

공주

문장 め(메)가 들어가요!

だめ。

다메

안 돼.

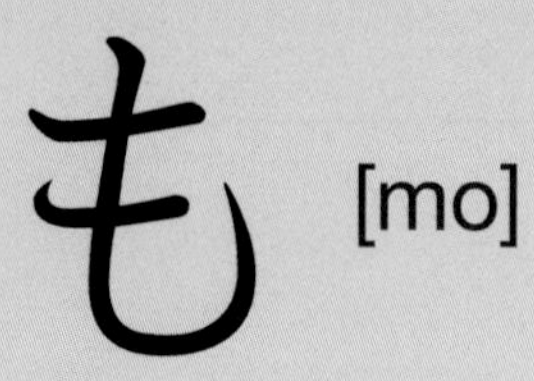

[mo]

모찌 (떡)

히라가나 '모'는 실제로
한자 毛(털 모)에서 나왔어요.

우리말 [모]와 거의 비슷한 발음이에요.

글씨체(폰트)에 따라 다르게 보이지만
모두 같은 글자입니다.

쓰는 순서

も も も

단어 も(모)가 들어가요!

もち

모찌

떡

문장 も(모)가 들어가요!

もしもし。

모시모시

여보세요.

야사시- (상냥하다)

야구공과 야구방망이로 '야'를 외워주세요.

우리말 [야]와 거의 비슷한 발음이에요.

글씨체(폰트)에 따라 다르게 보이지만
모두 같은 글자입니다.

쓰는 순서

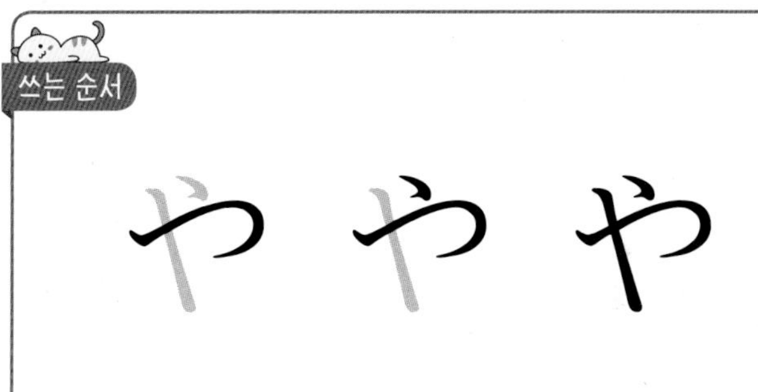

단어 や(야)가 들어가요!

やさしい

야사시–

상냥하다

문장 や(야)가 들어가요!

やめて。

야메떼

그만둬.

[yu]

유-메- (유명)

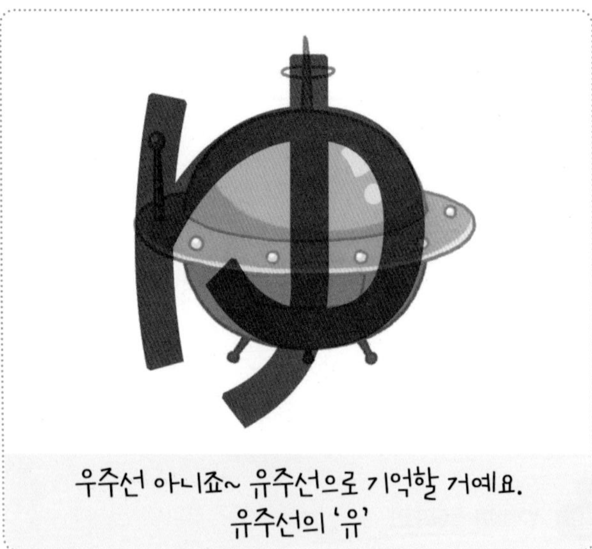

우주선 아니죠~ 유주선으로 기억할 거예요.
유주선의 '유'

우리말 [유]와 거의 비슷한 발음이에요.

글씨체(폰트)에 따라 다르게 보이지만
모두 같은 글자입니다.

쓰는 순서

단어 ゆ(유)가 들어가요!

ゆうめい

유-메-

유명

문장 ゆ(유)가 들어가요!

ゆうめいです。

유-메-데스

유명합니다.

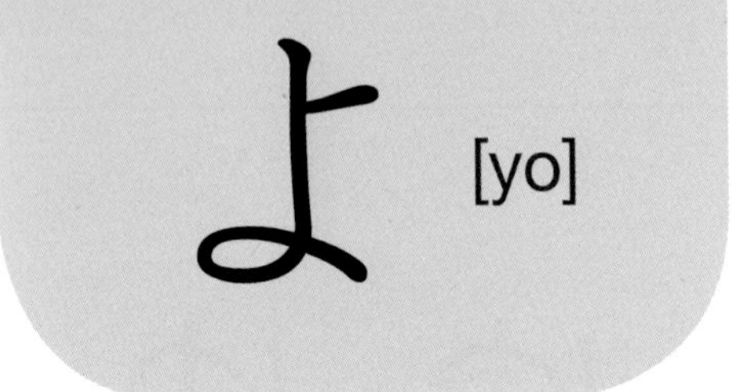


요야꾸 (예약)

요트의 '요'로 기억해주세요.

우리말 [요]와 거의 비슷한 발음이에요.

   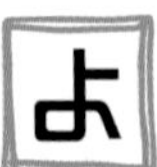

글씨체(폰트)에 따라 다르게 보이지만
모두 같은 글자입니다.

단어 よ(요)가 들어가요!

よやく

요야꾸

예약

문장 よ(요)가 들어가요!

よやく した。

요야꾸 시따

예약 했어.

사꾸라 (벚꽃)

낙타의 '라'로 기억해주세요.

[ra]로 표기하지만 혀를 굴리지 않아요.
우리말 [라]와 거의 비슷한 발음이에요.

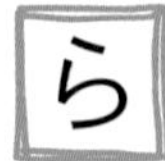

글씨체(폰트)에 따라 다르게 보이지만
모두 같은 글자입니다.

쓰는 순서

ら ら

단어 ら(라)가 들어가요!

さくら

사꾸라

벚꽃

문장 ら(라)가 들어가요!

さくら、みて。

사꾸라, 미떼

벚꽃 봐.

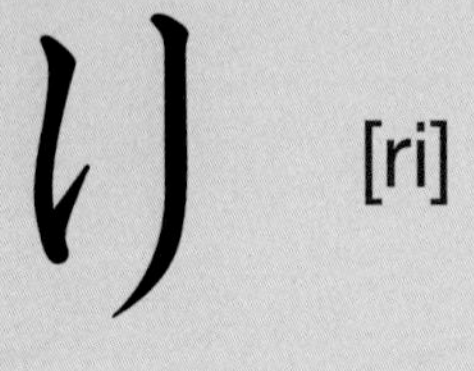


[ri]

와리바시 (나무젓가락)

리본의 '리'로 외우면 쉬워요.

우리말 [리]와 거의 비슷한 발음이에요.

글씨체(폰트)에 따라 다르게 보이지만
모두 같은 글자입니다.

쓰는 순서

り り

단어 り(리)가 들어가요!

わりばし

와리바시

나무젓가락

문장 り(리)가 들어가요!

ありがとう。

아리가또-

고마워.

# る [ru]

## 쿠루마 (자동차)

루이 14세의 귀가 이렇게 생겼을지도?
루이 14세의 '루'로 외워봐요^^

우리말 [루]와 거의 비슷한 발음이에요.

글씨체(폰트)에 따라 다르게 보이지만
모두 같은 글자입니다.

쓰는 순서

る

단어 る(루)가 들어가요!

くるま

쿠루마

자동차

문장 る(루)가 들어가요!

くるま、ほしい。

쿠루마, 호시-

자동차 원해.

# れ [re]

코레 (이것)

히라가나 'れ' + 모음 'ㅔ'의 조합으로
'레'를 외워봐요.

우리말 [레]와 거의 비슷한 발음이에요.

글씨체(폰트)에 따라 다르게 보이지만
모두 같은 글자입니다.

쓰는 순서

れ れ

단어 れ(레)가 들어가요!

これ

코레

이것

문장 れ(레)가 들어가요!

これ、ください。

코레, 쿠다사이

이것 주세요.

# ろ [ro]

## 포로로 (뽀로로)

일본에서도 '뽀로로'가 인기!

로봇의 딱딱한 귀를 연상해요. 로봇의 '로'!

우리말 [로]와 거의 비슷한 발음이에요.

글씨체(폰트)에 따라 다르게 보이지만
모두 같은 글자입니다.

쓰는 순서

ろ

단어 ろ(로)가 들어가요!

ぽろろ

포로로

뽀로로

문장 ろ(로)가 들어가요!

ぽろろ、すき。

포로로, 스끼

뽀로로 좋아해.

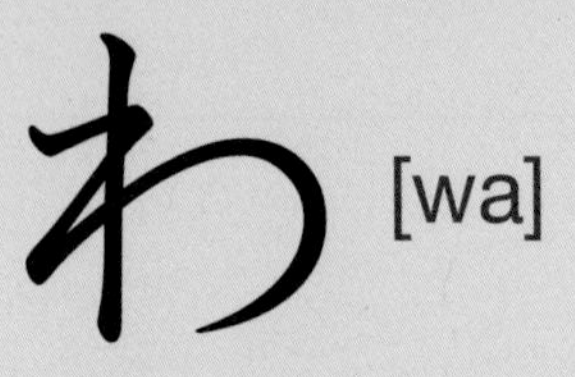

[wa]

와따시 (나)

입을 '와' 하고 크게 벌려요.

우리말 [와]와 거의 비슷한 발음이에요.

글씨체(폰트)에 따라 다르게 보이지만
모두 같은 글자입니다.

쓰는 순서

단어 わ(와)가 들어가요!

わたし

와따시

나, 저

문장 わ(와)가 들어가요!

わたしが します。

와따시가 시마스

제가 하겠습니다.

# を [wo]

사께오 노무 (술을 마시다)

'오'늘도 무사히 기도하는 사람을 기억해주세요.

히라가나 お(오)와 발음은 같지만

조사(을/를)로만 사용하는 글자입니다.

글씨체(폰트)에 따라 다르게 보이지만

모두 같은 글자입니다.

쓰는 순서

を を を

단어

~を ~을/를

목적어 '~을/를'에만 사용되고

단어에는 쓰이지 않아요!

문장 を(오)가 들어가요!

さけを のむ。

사께오 노무

술을 마시다.

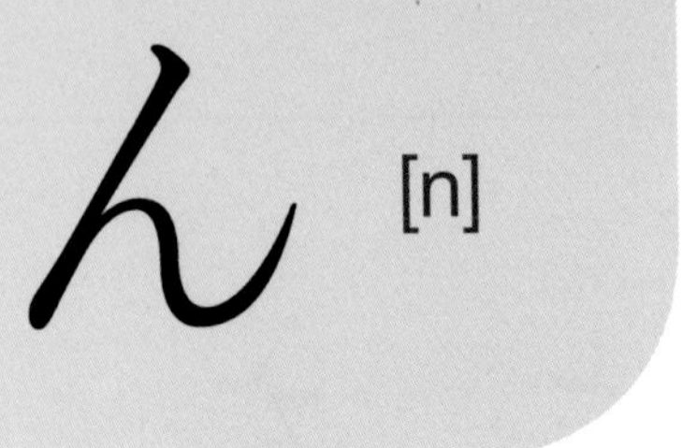


# 응 (응, 그래)

응가할 때 변기에 앉은 모습이 떠올라요.
응가의 '응'

[ㄴ, ㅁ, ㅇ]의 받침처럼 발음되고, 한 박자예요.

글씨체(폰트)에 따라 다르게 보이지만
모두 같은 글자입니다.

쓰는 순서

단어 ん(응)이 들어가요!

うん

응

응, 그래

문장 ん(응)이 들어가요!

うん、のむ。

응, 노무

그래, 마실게.

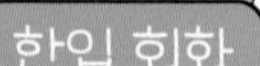

요야꾸 오네가이

よやく、おねがい。

예약 부탁해.

스미마셍

すみません。

죄송합니다.

와따시 무리

わたし むり。

나 무리(저 못해요).

니홍고 무리

にほんご むり。

일본어 무리(일본어는 무리예요).

한입 히라가나

# #히라가나 얼굴 만들기

헤.노.헤.노.모.헤.지

위 히라가나를 순서대로 써보세요.
아래와 같은 멋진 얼굴 그림이 완성됩니다!

し에 점 두 개를 찍어
じ(지)라고 해요^^

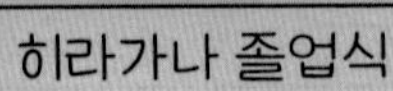

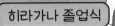

아래 히라가나를 확실히 구별할 수 있으면 졸업시켜 드립니다^^

| あ | お |
|---|---|
| い | り |
| き | さ |
| さ | ち |
| ぬ | め |
| は | ほ |
| る | ろ |

ね　れ　わ

# 아직 졸업하긴 이른가요?

## 그럼 이 설명을 듣고 꼭 졸업하세요^^

아빠다리는 전체적으로 통통 — あ お — 오리궁둥이 오른쪽만 통통, 그리고 물이 튀었어요. 점!

이는 사선으로 내려오는 느낌 — い り — 리는 직선으로 내려오는 느낌

키는 줄 2개

사는 줄 1개

임신 사개월, 앞으로 불룩

치타 엉덩이 뒤로 불룩

X자 하고 옆으로 누운 모양, 발을 그려요

메기의 긴 수염 2개에 집중해요

할머니 하! 할머니 숨막히니까 위에는 막지 않아요

호랑이 왕(王)자를 연상해요

루이 14세 파마머리! 안으로 말았어요

딱딱한 느낌의 로봇

'네' 착하게 대답하고 착하게 안으로 말아요 — ね れ わ — '와' 입모양처럼 둥글게 해요

'레'니까 발랄하게 밖으로 튀어나와요

발음 듣기

가타카나

한 눈에 외우기

우리가 지금부터 외워야 할 글자는 46개입니다.
ア(아) 계열로 발음되는 '아 단'부터 외워요.

アカサタナ / ハマヤ / ラワ
아 카 사 타 나 / 하 마 야 / 라 와

아까 샀잖아 / (이) 하마야 / 나와

이 말을 꼭 기억해주세요!

아이스 (얼음)

아이스크림을 먹는 옆모습을 기억해주세요.
혀를 날름~ 아이스크림 '아'

글씨체(폰트)에 따라 다르게 보이지만
모두 같은 글자입니다.

쓰는 순서

ア　ア

단어　ア(아)가 들어가요!

# アイス

あいす

아이스

얼음

문장　ア(아)가 들어가요!

# アイス ください。

あいす ください

아이스 쿠다사이

얼음 주세요.

## 이야홍 (이어폰)

이 씨 집의 '이'로 외우는 건 어떨까요?

글씨체(폰트)에 따라 다르게 보이지만
모두 같은 글자입니다.

단어 イ(이)가 들어가요!

# イヤホン

いやほん

이야홍

이어폰

문장 イ(이)가 들어가요!

# イヤホン つけて。

いやほん つけて

이야홍 츠께떼

이어폰 껴.

[u]

소우루 (서울)

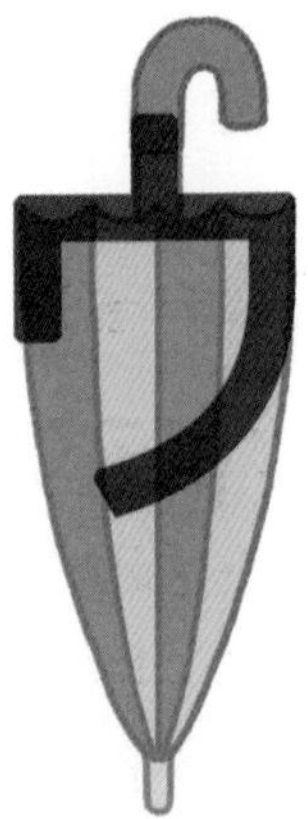

이번엔 접힌 우산 '우'로 외워 주세요.

글씨체(폰트)에 따라 다르게 보이지만
모두 같은 글자입니다.

쓰는 순서

ウ ウ ウ

단어 ウ(우)가 들어가요!

ソウル

そうる

소우루

서울

문장 ウ(우)가 들어가요!

ソウル いこう。

そうる いこう

소우루 이꼬–

서울 가자.

# エ [e]

에아꽁 (에어컨)

우리말 '애'를 눕혀서 모음만 보세요.
가타카나 '에' 완성!

글씨체(폰트)에 따라 다르게 보이지만
모두 같은 글자입니다.

쓰는 순서

エ　エ　エ

단어 エ(에)가 들어가요!

エアコン

えあこん

에아꽁

에어컨

문장 エ(에)가 들어가요!

エアコン つけて。

えあこん つけて

에아꽁 츠께떼

에어컨 켜.

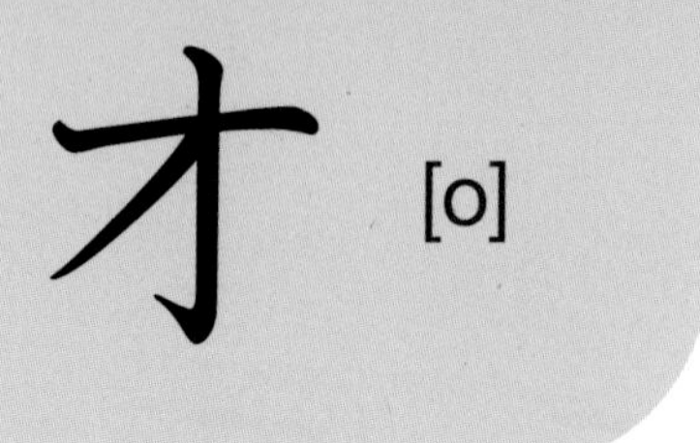


오 - 또바이 (오토바이)

사거리 아니죠~ 오거리의 '오'로 외워요.

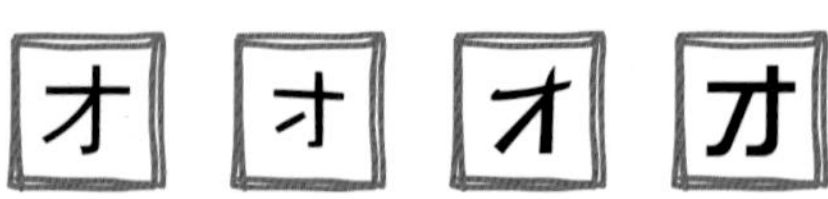


글씨체(폰트)에 따라 다르게 보이지만
모두 같은 글자입니다.

쓰는 순서

가타카나의 장음은
"ー" 로 줄을 그어 나타내어요.
앞의 '오' 발음을 길게 지속해주세요.

단어 オ(오)가 들어가요!

# オートバイ

おーとばい

오-또바이

오토바이

문장 オ(오)가 들어가요!

# オートバイ のって。

おーとばい のって

오-또바이 놋떼

오토바이 타.

# カ [ka]

카레- (카레)

히라가나 か(카)를 연상해서 외워요.

글씨체(폰트)에 따라 다르게 보이지만
모두 같은 글자입니다.

쓰는 순서

カ カ

단어 カ(카)가 들어가요!

カレー

かれー

카레-

카레

문장 カ(카)가 들어가요!

カレー たべたい。

かれー たべたい

카레- 타베따이

카레 먹고 싶어.

키- (열쇠)

히라가나 き(키)를 연상해서 외워주세요.

キ キ キ キ

글씨체(폰트)에 따라 다르게 보이지만
모두 같은 글자입니다.

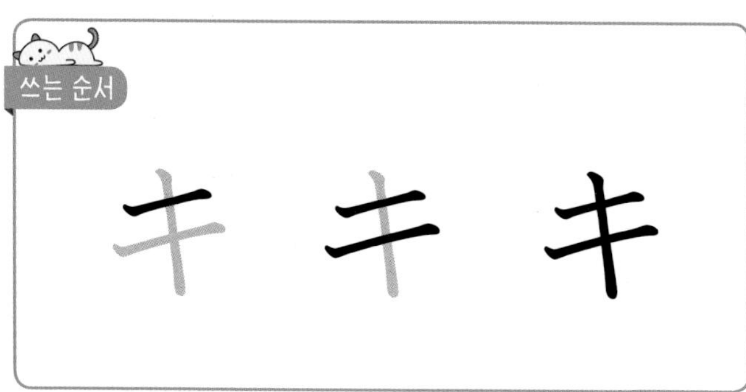


단어 キ(키)가 들어가요!

# キー

きー

키–

열쇠

문장 キ(키)가 들어가요!

# キスして。

きすして

키스시떼

키스해줘.

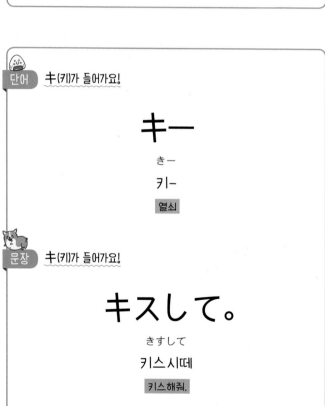

[ku]

쿠레용 (크레파스)

쿠크다스 '쿠'로 외워주세요.

ク ク ク ク

글씨체(폰트)에 따라 다르게 보이지만
모두 같은 글자입니다.

쓰는 순서

ク ク

단어 ク(쿠)가 들어가요!

クレヨン

くれよん

쿠레용

크레파스

TIP

'짱구는 못 말려'
일본 제목이
'쿠레용 신쨩'이에요.

문장 ク(쿠)가 들어가요!

クレヨン しんちゃん すき。

くれよん しんちゃん すき

쿠레용 신쨩 스끼

'짱구는 못 말려' 좋아해.

# ケ [ke]

케-끼 (케이크)

영어 K(케이)를 오른쪽으로 기울이면 'ケ(케)'

ケ ケ ケ ケ

글씨체(폰트)에 따라 다르게 보이지만
모두 같은 글자입니다.

쓰는 순서

ケ ケ ケ

단어 ケ(케)가 들어가요!

ケーキ

けーき

케-끼

케이크

문장 ケ(케)가 들어가요!

ケーキ たべたい。

けーき たべたい

케-끼 타베따이

케이크 먹고 싶어.

코-또 (코트)

전기 코드의 '코'로 외우면 편해요.

글씨체(폰트)에 따라 다르게 보이지만
모두 같은 글자입니다.

쓰는 순서

단어 コ(코)가 들어가요!

コート

こーと

코-또

코트

문장 コ(코)가 들어가요!

コンピューター どこ?

こんぴゅーたー どこ

콤쀼-따- 도꼬

컴퓨터 어디?

사이다- (사이다)

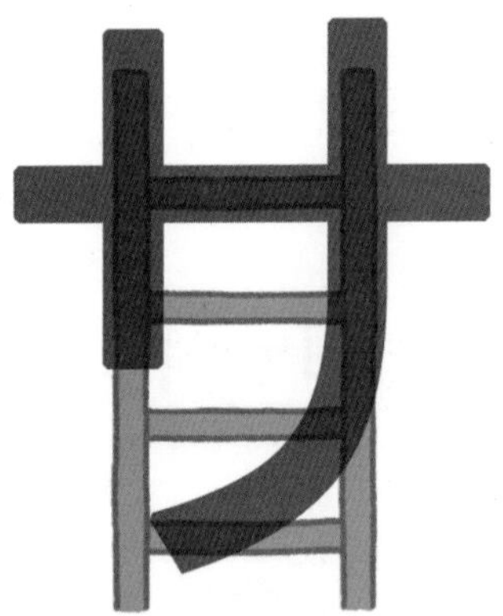

사다리의 '사'를 연상해서 외워주세요.

글씨체(폰트)에 따라 다르게 보이지만
모두 같은 글자입니다.

쓰는 순서

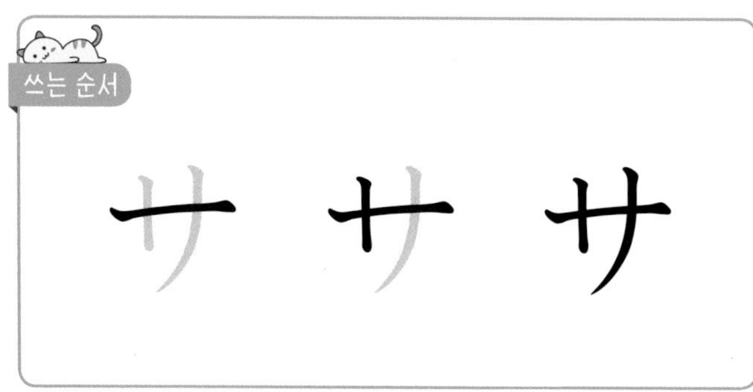

단어 サ(사)가 들어가요!

サイダー

さいだー

사이다-

사이다

문장 サ(사)가 들어가요!

サイダー のみたい。

さいだー のみたい

사이다- 노미따이

사이다 마시고 싶어.

[shi]

시-소- (시소)

꼬마가 쉬~ 하는 모습을 연상해주세요.

글씨체(폰트)에 따라 다르게 보이지만
모두 같은 글자입니다.

쓰는 순서

단어 シ(시)가 들어가요!

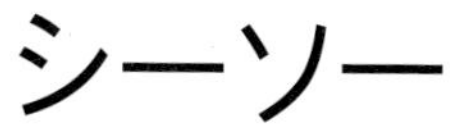

しーそー

시-소-

시소

문장 シ(시)가 들어가요!

シーソー のりたい。

しーそー のりたい

시-소- 노리따이

시소 타고 싶어.

스끼- (스키)

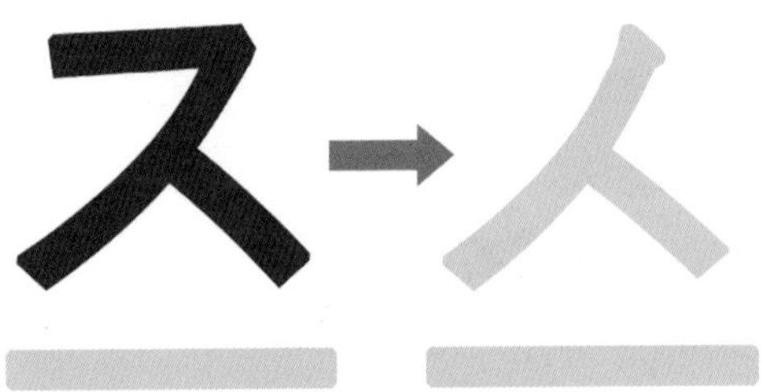

'ㅈ (지읒)'을 쓰고 '스'라고 읽습니다!

글씨체(폰트)에 따라 다르게 보이지만
모두 같은 글자입니다.

쓰는 순서

ス　ス

단어　ス(스)가 들어가요!

すきー

스끼-

스키

문장　ス(스)가 들어가요!

バスで いく。

ばすで いく

바스데 이꾸

버스로 간다.

# セ [se]

세-따- (스웨터)

히라가나 せ(세)를 연상해서 외워주세요.

セ セ セ セ

글씨체(폰트)에 따라 다르게 보이지만
모두 같은 글자입니다.

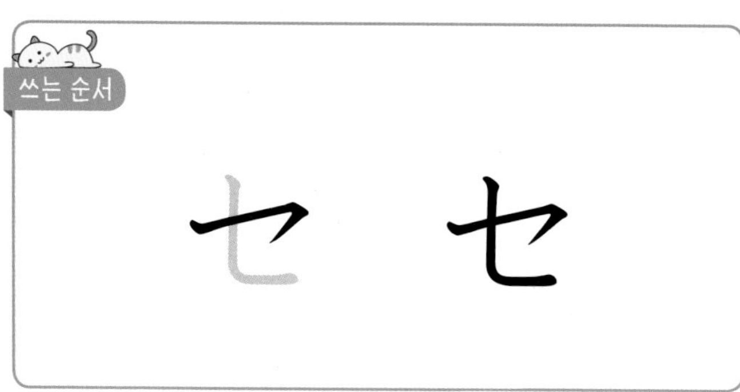

단어 セ(세)가 들어가요!

セーター

せーたー

세-따-

스웨터

문장 セ(세)가 들어가요!

セーター ほしい。

せーたー ほしい

세-따- 호시-

스웨터 원해.

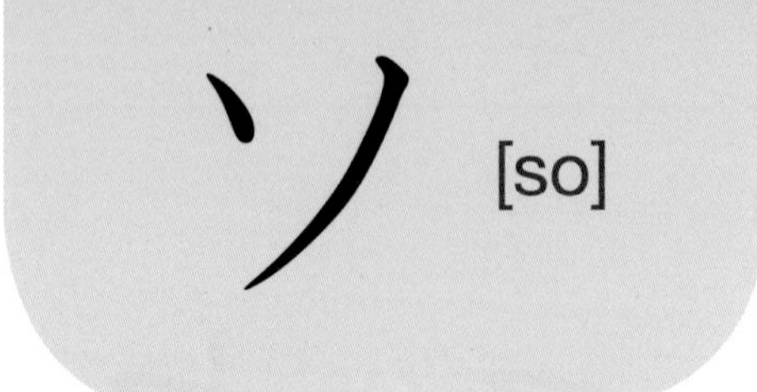


소-세-지 (소시지)

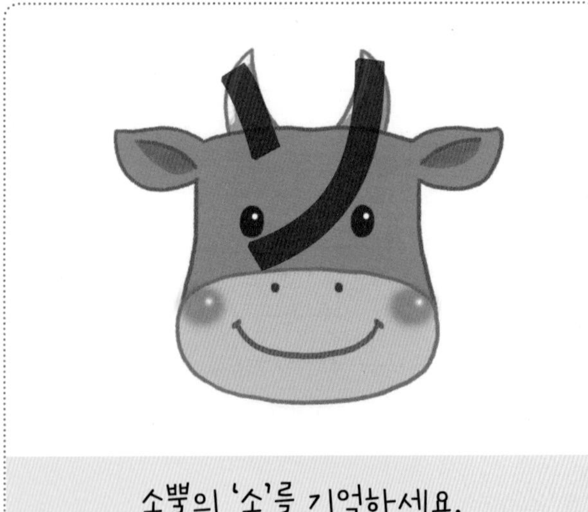

소뿔의 '소'를 기억하세요.

글씨체(폰트)에 따라 다르게 보이지만
모두 같은 글자입니다.

쓰는 순서

단어 ソ(소)가 들어가요!

# ソーセージ

そーせーじ

소-세-지

소시지

문장 ソ(소)가 들어가요!

# ソーセージ いくら?

そーせーじ いくら

소-세-지 이꾸라

소시지 얼마?

## 한입 회화

아쯔이

あつい。

더워.

에아꽁 츠께떼

エアコン　つけて。

에어컨 켜.

리모꽁 도꼬

リモコン　どこ?

리모컨 어디?

콤쀼-따-노 우에

コンピューターの　うえ。

컴퓨터의 위.

카루비

カルビ

갈비

키무치

キムチ

김치

쿡빠

クッパ

국밥

치게

チゲ

찌개

코쮸쟝

コチュジャン

고추장

[ta]

탁시- (택시)

실제로 한자 多(많을 다)의 부수를 따와서
'타'가 만들어졌어요.

글씨체(폰트)에 따라 다르게 보이지만
모두 같은 글자입니다.

쓰는 순서

タ タ タ

단어 タ(타)가 들어가요!

タクシー

たくしー

탁시-

택시

문장 タ(타)가 들어가요!

タクシー のって。

たくしー のって

탁시- 놋떼

택시 타.

치-즈 (치즈)

실제로 한자 千(일천 천)에서 '치'가 만들어졌어요.

チ チ チ チ

글씨체(폰트)에 따라 다르게 보이지만
모두 같은 글자입니다.

쓰는 순서

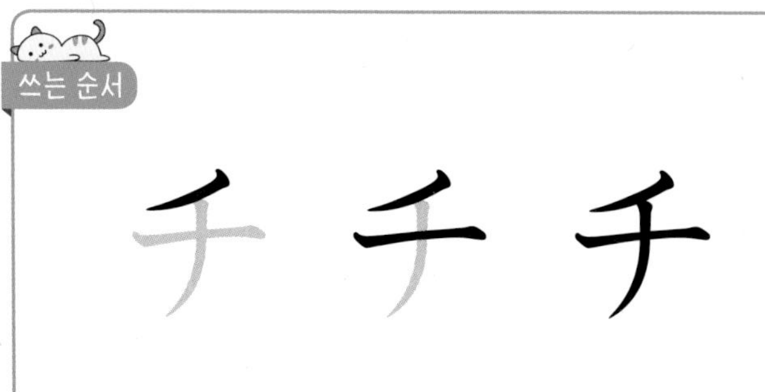

단어 チ(치)가 들어가요!

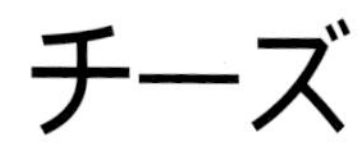

ちーず

치-즈

치즈

문장 チ(치)가 들어가요!

チーズ たべたい。

ちーず たべたい

치-즈 타베따이

치즈 먹고 싶어.

ㅊ아- (투어)

히라가나 つ(츠)를 연상해서 위와 같이 외워주세요.

글씨체(폰트)에 따라 다르게 보이지만
모두 같은 글자입니다.

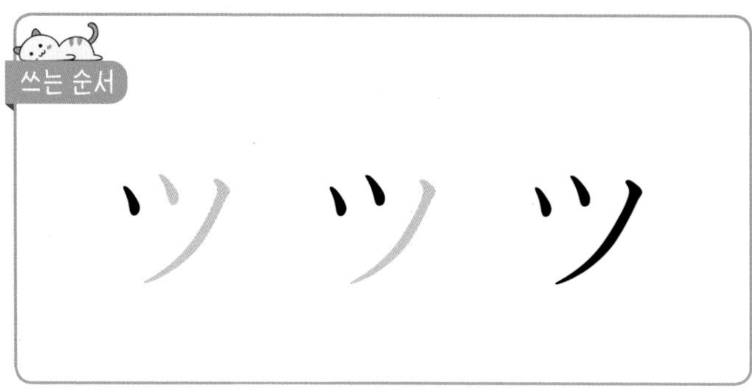

단어 ツ(츠)가 들어가요!

# ツアー

つあー

츠아–

투어, 여행

문장 ツ(츠)가 들어가요!

# ツアー いきたい。

つあー いきたい

츠아– 이끼따이

여행 가고 싶어.

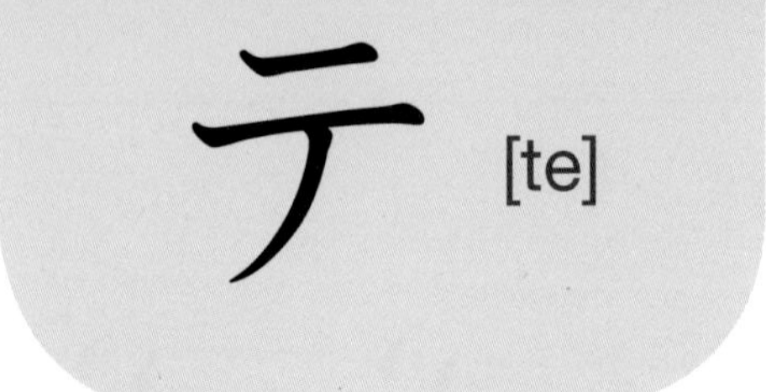


테레비 (TV, 텔레비전)

안테나의 '테'로 외우면 쉬워요.

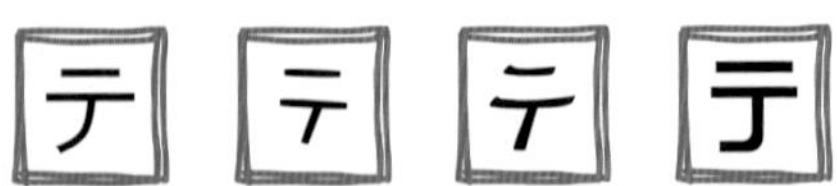


글씨체(폰트)에 따라 다르게 보이지만
모두 같은 글자입니다.

쓰는 순서

テ テ テ

단어 テ(테)가 들어가요!

テレビ

てれび

테레비

TV, 텔레비전

문장 テ(테)가 들어가요!

テレビ みて。

てれび みて

테레비 미떼

TV 봐.

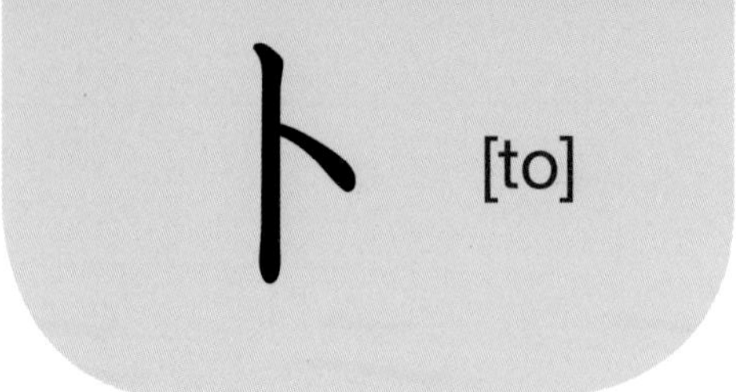


## 토라꾸 (트럭)

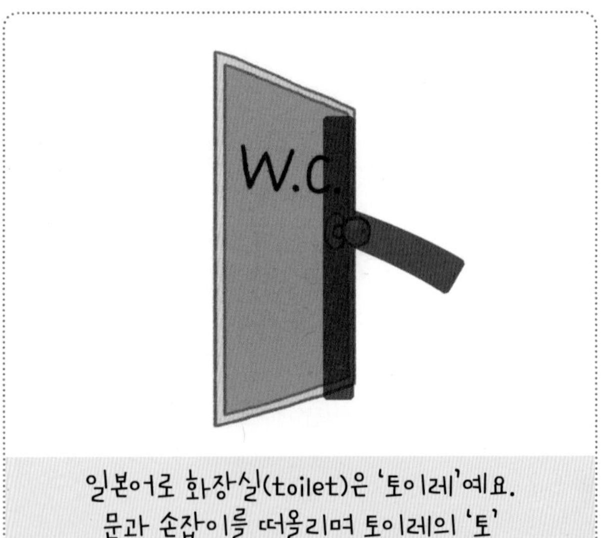


일본어로 화장실(toilet)은 '토이레'예요.
문과 손잡이를 떠올리며 토이레의 '토'

글씨체(폰트)에 따라 다르게 보이지만
모두 같은 글자입니다.

쓰는 순서

ト ト

단어 ト(토)가 들어가요!

トラック

とらっく

토락꾸

트럭

문장 ト(토)가 들어가요!

トイレ どこ?

といれ どこ

토이레 도꼬

화장실 어디?

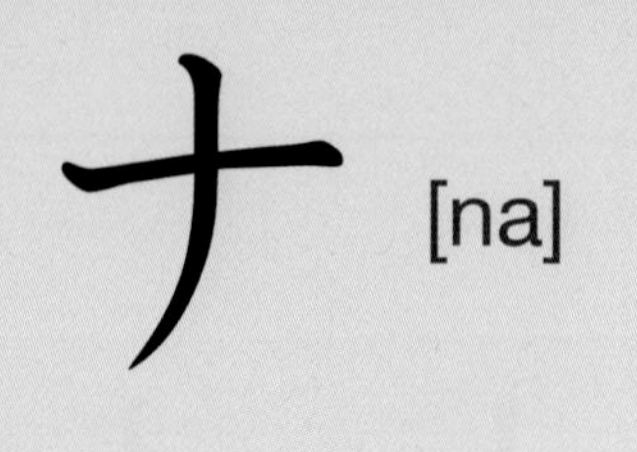


나이후 (나이프, 칼)

히라가나 な(나)의 윗부분만 가져오세요.

글씨체(폰트)에 따라 다르게 보이지만
모두 같은 글자입니다.

쓰는 순서

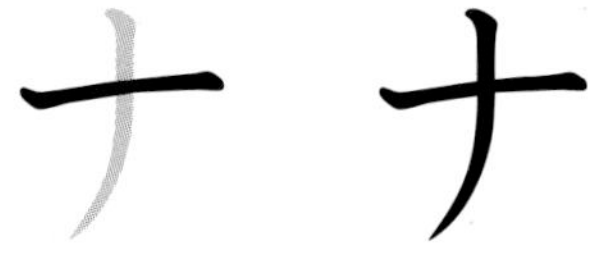

단어 ナ(나)가 들어가요!

ナイフ

ないふ

나이후

나이프, 칼

문장 ナ(나)가 들어가요!

ナイフ こわい。

ないふ こわい

나이후 코와이

칼 무서워.

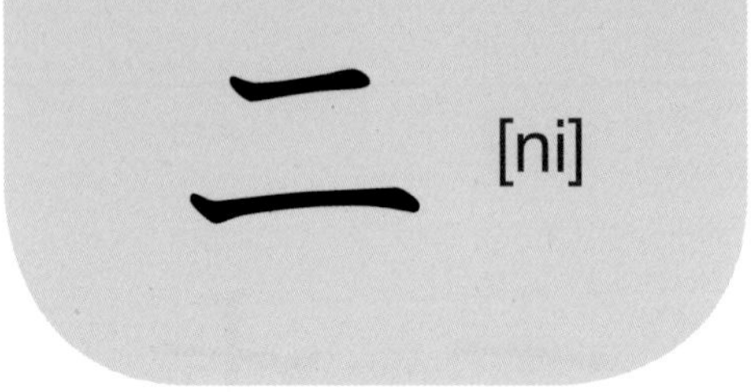


테니스

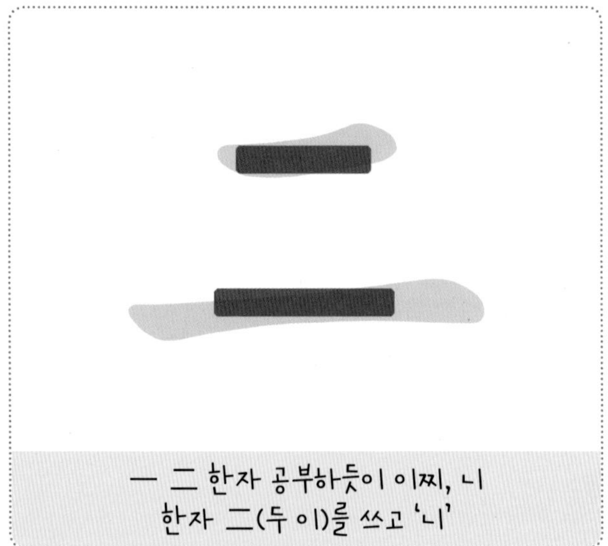

一 二 한자 공부하듯이 이찌, 니
한자 二(두 이)를 쓰고 '니'

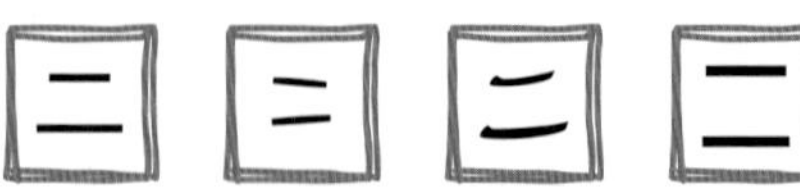

글씨체(폰트)에 따라 다르게 보이지만
모두 같은 글자입니다.

단어 ニ(니)가 들어가요!

テニス

てにす

테니스

테니스

문장 ニ(니)가 들어가요!

テニス じょうず。

てにす じょうず

테니스 죠-즈

테니스 잘하네.

ヌ [nu]

누-도 (누드, 알몸)

베개를 베고 귀엽게 팔 뻗고 누운 모양을 기억해주세요^^
누운 모양 '누'

글씨체(폰트)에 따라 다르게 보이지만
모두 같은 글자입니다.

단어 ヌ(누)가 들어가요!

ヌード

ぬーど

누-도

누드, 알몸

문장 ヌ(누)가 들어가요!

ヌードル たべたい。

ぬーどる たべたい

누-도루 타베따이

누들(noodle: 면요리) 먹고 싶어.

[ne]

네꾸따이 (넥타이)

유명 치킨 브랜드 △△치킨의 'ㅊ'을
연상하여 외워주세요^^ △△치킨의 '네'

글씨체(폰트)에 따라 다르게 보이지만
모두 같은 글자입니다.

쓰는 순서

ネネネネ

단어 ネ(네)가 들어가요!

ネクタイ

ねくたい

네꾸따이

넥타이

문장 ネ(네)가 들어가요!

ネクタイ しめて。

ねくたい しめて

네꾸따이 시메떼

넥타이 메.

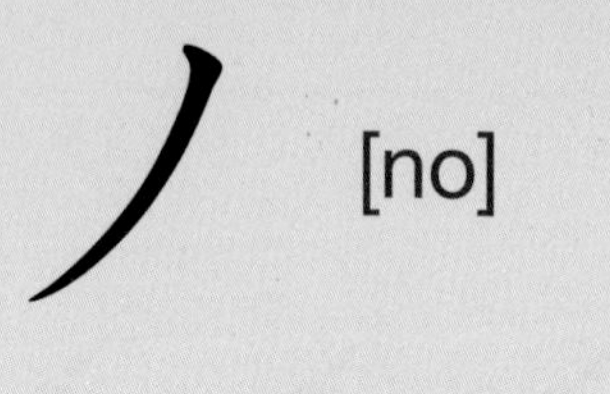


노-또 (노트)

히라가나 の(노)에 등장한 노 스모킹(no-smoking)!
우리 한 번 더 외쳐요. 노 스모킹의 '노'

글씨체(폰트)에 따라 다르게 보이지만
모두 같은 글자입니다.

쓰는 순서

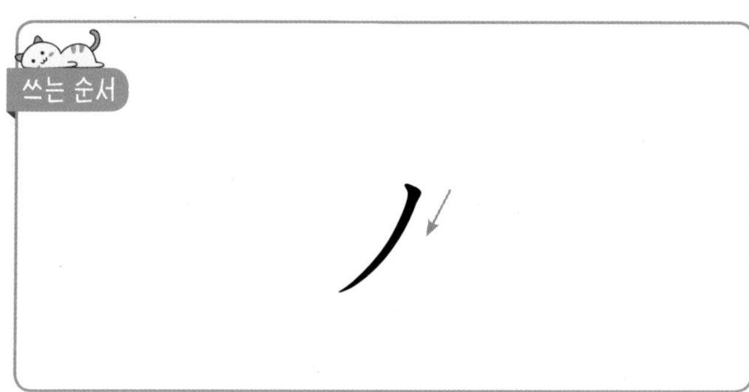

단어 ノ(노)가 들어가요!

# ノート

のーと

노-또

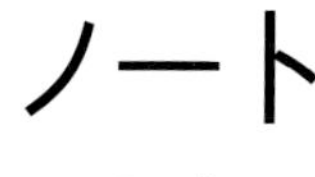

문장 ノ(노)가 들어가요!

# ノートに かく。

のーとに かく

노-또니 카꾸

노트에 쓰다.

# ハ [ha]

하와이

할아버지 '하하하' 웃을 때
팔자주름 연상해서 외워요.

글씨체(폰트)에 따라 다르게 보이지만
모두 같은 글자입니다.

쓰는 순서

단어 ハ(하)가 들어가요!

# ハワイ

はわい

하와이

하와이

문장 ハ(하)가 들어가요!

# ハワイ いきたい。

はわい いきたい

하와이 이끼따이

하와이 가고 싶어.

# ヒ [hi]

코-히- (커피)

히프(hip)의 '히'로 외워주세요.

글씨체(폰트)에 따라 다르게 보이지만
모두 같은 글자입니다.

쓰는 순서

단어 ヒ(히)가 들어가요!

コーヒー

こーひー

코-히-

커피

문장 ヒ(히)가 들어가요!

コーヒー のみたい。

こーひー のみたい

코-히- 노미따이

커피 마시고 싶어.

# フ [hu]

후라이 (튀김)

히라가나 ふ(후)의 머리 부분을 떠올리며
'후'를 외워주세요.

글씨체(폰트)에 따라 다르게 보이지만
모두 같은 글자입니다.

쓰는 순서

フ

단어 フ(후)가 들어가요!

フライ

ふらい

후라이

튀김

문장 フ(후)가 들어가요!

フライ たべたい。

ふらい たべたい

후라이 타베따이

튀김 먹고 싶어.

헤아 (헤어)

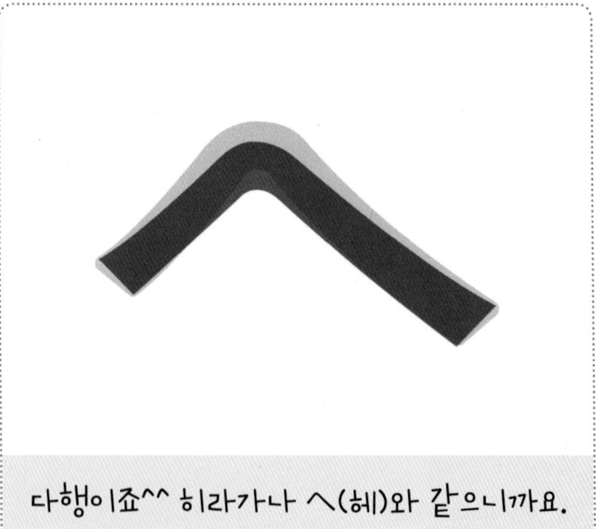


다행이죠^^ 히라가나 へ(헤)와 같으니까요.

글씨체(폰트)에 따라 다르게 보이지만
모두 같은 글자입니다.

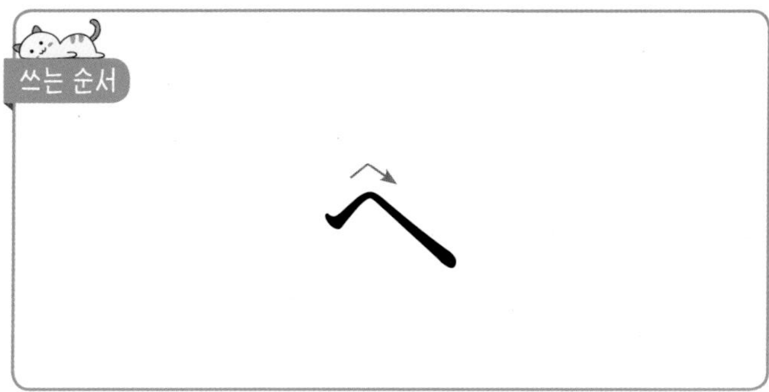

단어 ヘ(헤)가 들어가요!

へあ

헤아

헤어

문장 ヘ(헤)가 들어가요!

ヘアスタイル かえたい。

へあすたいる かえたい

헤아스따이루 카에따이

헤어스타일 바꾸고 싶어.

호떼루 (호텔)

호호호 웃을 때 보조개가 예쁜 호호 아줌마예요.
호호 아줌마의 '호'

글씨체(폰트)에 따라 다르게 보이지만
모두 같은 글자입니다.

쓰는 순서

ホ ホ ホ ホ

단어 ホ(호)가 들어가요!

ホテル

ほてる

호떼루

호텔

문장 ホ(호)가 들어가요!

ホテル よやくする。

ほてる よやくする

호떼루 요야꾸스루

호텔 예약하다.

소우루 이꼬-

ソウル いこう。

서울 가자.

이-요. 탁시-데 이꼬-

いいよ。タクシーで いこう。

좋아. 택시로 가자.

와따시 토락꾸가 이-께도

わたし、トラックが いいけど。

나 트럭이 좋지만.

# 지명



하와이

ハワイ

하와이

히또라-노 도이쯔

ヒトラーの ドイツ

히틀러의 독일

후란스

フランス

프랑스

베또나무

ベトナム

베트남

홍꽁

ホンコン

홍콩

마이꾸 (마이크)

'인마'라고 했을 때 턱이 아래로 향하지요?
그걸 연상해서 외워주세요^^

글씨체(폰트)에 따라 다르게 보이지만
모두 같은 글자입니다.

マ(마)가 들어가요!

マイク

まいく

마이꾸

마이크

マ(마)가 들어가요!

ママ ねむい。

まま ねむい

마마 네무이

엄마 졸려.

미루꾸 (우유)

'미'는 줄이 세 개니까
도, 레, 미로 외우면 어떨까요?

글씨체(폰트)에 따라 다르게 보이지만
모두 같은 글자입니다.

쓰는 순서

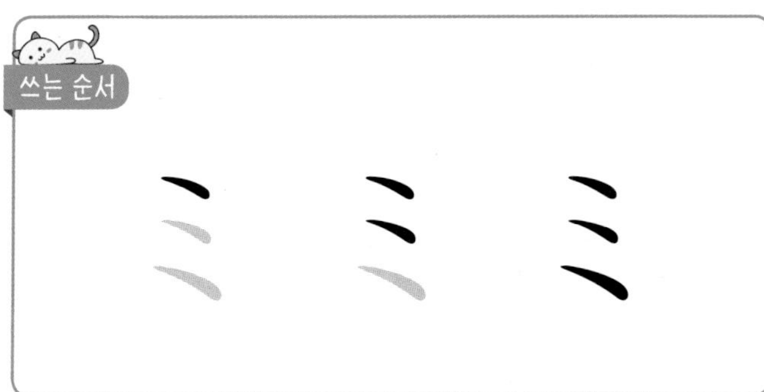

단어 ミ(미)가 들어가요!

# ミルク

みるく

미루꾸

우유

문장 ミ(미)가 들어가요!

# ミルク ください。

みるく ください

미루꾸 쿠다사이

우유 주세요.

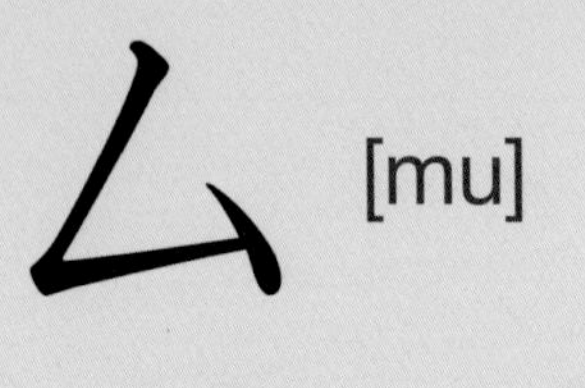

[mu]

가무 (껌)

무릎 꿇어 '무'로 외워주세요.

글씨체(폰트)에 따라 다르게 보이지만
모두 같은 글자입니다.

## 쓰는 순서

### 단어 ム(무)가 들어가요!

ガム

がむ

가무

껌

### 문장 ム(무)가 들어가요!

ガム いくら?

がむ いくら

가무 이꾸라

껌 얼마?

# 메롱 (멜론)

메이크업의 '메'로 외워주세요^^

글씨체(폰트)에 따라 다르게 보이지만
모두 같은 글자입니다.

쓰는 순서

단어 メ(메)가 들어가요!

めろん

메롱

멜론

문장 メ(메)가 들어가요!

メロン おいしい。

めろん おいしい

메롱 오이시-

멜론 맛있어.

# モ [mo]

모-따- (모터)

히라가나 も(모)와 비슷하게 생겼어요.

글씨체(폰트)에 따라 다르게 보이지만
모두 같은 글자입니다.

쓰는 순서

モ モ モ

단어 モ(모)가 들어가요!

モーター

もーたー

모-따-

모터(motor)

문장 モ(모)가 들어가요!

リモコン どこ?

りもこん どこ

리모꽁 도꼬

리모컨 어디?

타이야 (타이어)

히라가나 や(야)와 비슷하게 생겼어요.

글씨체(폰트)에 따라 다르게 보이지만
모두 같은 글자입니다.

쓰는 순서

ヤ ヤ

단어 ヤ(야)가 들어가요!

# タイヤ

たいや

타이야

타이어

문장 ヤ(야)가 들어가요!

# タイヤ パンクした。

たいや ぱんくした

타이야 팡꾸시따

타이어 펑크 났어.

# ユ [yu]

유-쮸-브 (유튜브)

ユ래유

그래유~ 의 'ユ'자를 연상해주세요.

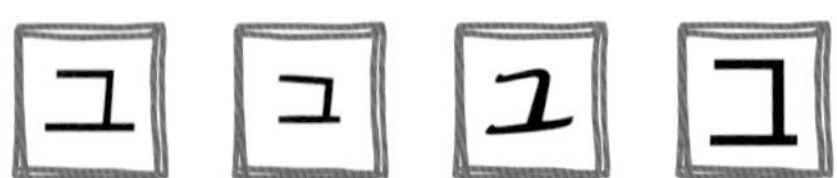

글씨체(폰트)에 따라 다르게 보이지만
모두 같은 글자입니다.

쓰는 순서

ユ ユ

단어 ユ(유)가 들어가요!

# ユーチューブ

ゆーちゅーぶ

유-쮸-브

유튜브(YouTube)

문장 ユ(유)가 들어가요!

# ユーチューバー なりたい。

ゆーちゅーばー なりたい

유-쮸-바- 나리따이

유튜버(YouTuber) 되고 싶어.

요-구루또 (요구르트)

요트를 연상해서 '요'를 외워주세요.

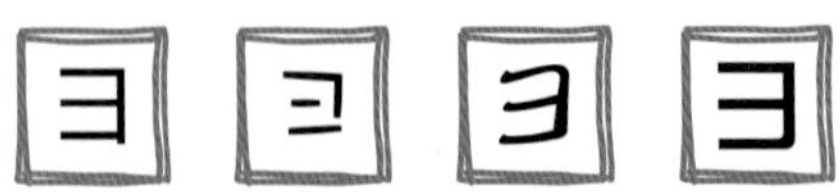


글씨체(폰트)에 따라 다르게 보이지만
모두 같은 글자입니다.

쓰는 순서

ヨ ヨ ヨ

단어 ヨ(요)가 들어가요!

ヨーグルト

よーぐると

요-구루또

요구르트

문장 ヨ(요)가 들어가요!

ヨーグルト ください。

よーぐると ください

요-구루또 쿠다사이

요구르트 주세요.

# ラ [ra]

라-멩 (일본식 라면)

한국식 라면과
일본식 라면은
다른 요리예요!

히라가나 ら(라)를 딱딱하게
쓴다는 느낌으로 기억해주세요.

글씨체(폰트)에 따라 다르게 보이지만
모두 같은 글자입니다.

쓰는 순서

ラ ラ

단어 ラ(라)가 들어가요!

ラーメン

らーめん

라-멩

일본식 라면

문장 ラ(라)가 들어가요!

ラーメン たべたい。

らーめん たべたい

라-멩 타베따이

일본식 라면 먹고 싶어.

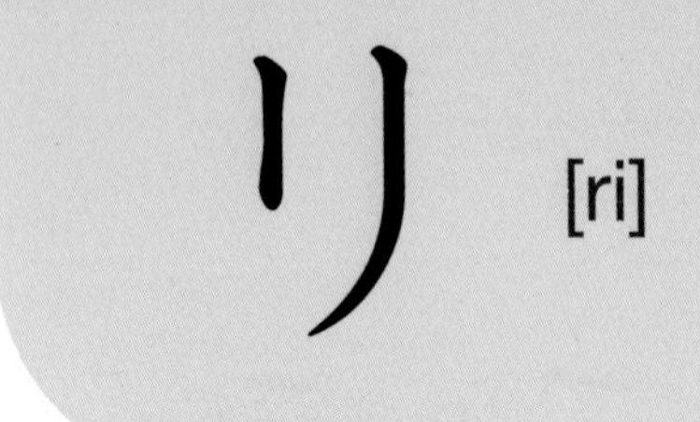


리봉 (리본)

여러분 다행입니다.
히라가나 り(리)와 비슷해요^^

글씨체(폰트)에 따라 다르게 보이지만
모두 같은 글자입니다.

쓰는 순서

リ リ

단어 リ(리)가 들어가요!

リボン

りぼん

리봉

리본

문장 リ(리)가 들어가요!

クリスマス すき。

くりすます すき

쿠리스마스 스끼

크리스마스 좋아해.

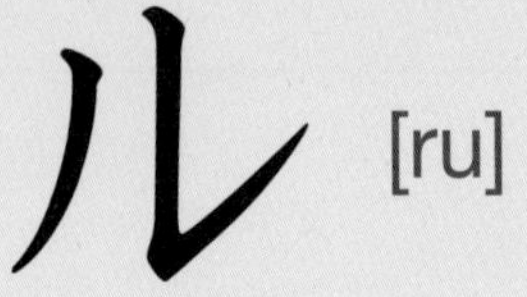

[ru]

# 루-무 (룸)

신나서 '룰루랄라' 달려간 적 없나요?
그때를 기억하며 루루루의 '루'

글씨체(폰트)에 따라 다르게 보이지만
모두 같은 글자입니다.

쓰는 순서

ノ ル

단어 ル(루)가 들어가요!

ルーム

るーむ

루-무

룸

문장 ル(루)가 들어가요!

ルーム よやくする。

るーむ よやくする

루-무 요야꾸스루

룸 예약하다.

레몽 (레몬)

Lemon(레몬)의 'L'을 변형해서 외우기로 해요.
레몬의 '레'

글씨체(폰트)에 따라 다르게 보이지만
모두 같은 글자입니다.

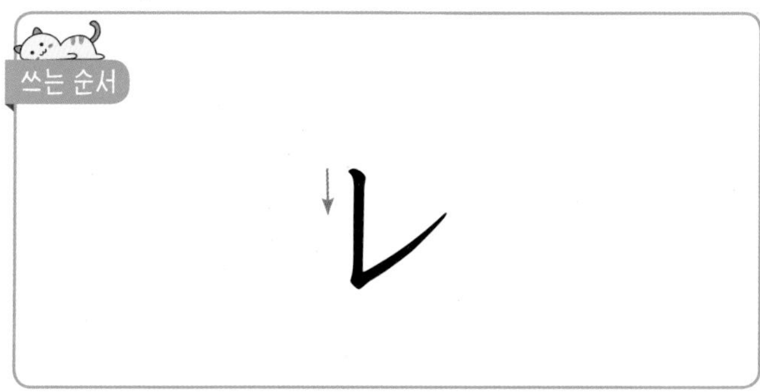

단어 レ(레)가 들어가요!

# レモン

れもん

레몽

레몬

문장 レ(레)가 들어가요!

# レストラン よやくする。

れすとらん よやくする

레스또랑 요야꾸스루

레스토랑 예약하다.

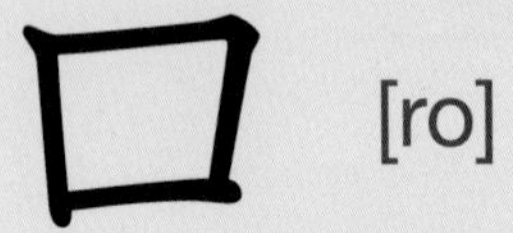

[ro]

로봇또 (로봇)

로봇의 각진 얼굴! 로봇의 '로'

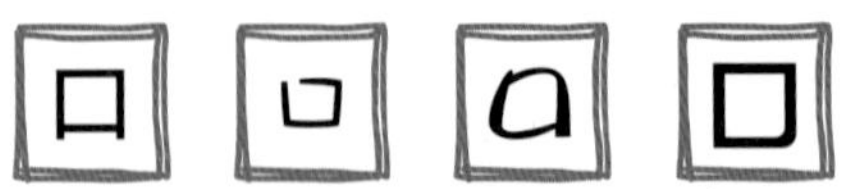

글씨체(폰트)에 따라 다르게 보이지만
모두 같은 글자입니다.

쓰는 순서

단어 ロ(로)가 들어가요!

# ロボット

ろぼっと

로봇또

로봇

문장 ロ(로)가 들어가요!

# プロポーズする。

ぷろぽーずする

푸로뽀-즈스루

프러포즈하다.

# ワ [wa]

와잉 (와인)

앞에서 배운 ウ(우) 위에 꼭지를 떼서
'와 떼노?'의 '와'로 외워주세요^^

글씨체(폰트)에 따라 다르게 보이지만
모두 같은 글자입니다.

쓰는 순서

단어 ワ(와)가 들어가요!

ワイン

わいん

와잉

와인

문장 ワ(와)가 들어가요!

ワイン のみたい。

わいん のみたい

와잉 노미따이

와인 마시고 싶어.

# ヲ [wo]

(단어는 없어요)

오크의 '오'
(판타지 장르에 나오는 가상의 생물)

글씨체(폰트)에 따라 다르게 보이지만
모두 같은 글자입니다.

쓰는 순서

ヲ ヲ ヲ

☆ '~을/를'을 나타내는 목적격 조사 : を ☆

を를 강조하기 위해

굳이 가타카나로 쓰면 ヲ

실제로 단어나 문장에서는

쓰지 않아요.

하지만 이런 가타카나가 있다고

참고만 해주세요.

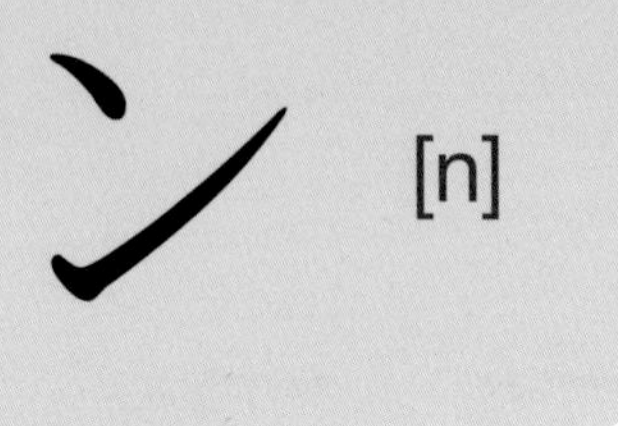


파 응 (빵)

응가할 때의 '응'

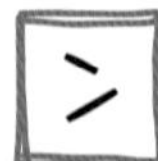

글씨체(폰트)에 따라 다르게 보이지만
모두 같은 글자입니다.

쓰는 순서

단어 ン(응)이 들어가요!

ぱん

팡

빵

문장 ン(응)이 들어가요!

パン たべたい。

ぱん たべたい

팡 타베따이

빵 먹고 싶어.

## 한입 회화

레스또랑 요야꾸시따

レストラン よやくした。

레스토랑 예약했어.

도-시떼

どうして?

왜?

유-쮸-바-니 푸로뽀-즈스루

ユーチューバーに プロポーズする。

유튜버에게 프러포즈할 거야.

오메데또-

おめでとう。

축하해.

한입 가타카나

\# 조미료

サシスセソ

일본의 맛을 サシスセソ(사시수세소)로 나타낼 수 있어요.

사또-

サ　さとう

설탕

시오

シ　しお

소금

스

ス　す

식초

쇼-유

セ　しょうゆ

간장

TIP 옛날에는 간장을 せうゆ(세-유) 라고 했어요.

미소

ソ　みそ

된장

## 가타카나 졸업식

아래 가타카나를 확실히 구별할 수 있으면 졸업시켜 드립니다^^

ア　マ

ウ　ワ

ク　ケ

ク　タ

シ　ツ

ン　ソ

フ　ラ

コ　ユ　ヨ

# 아직 졸업하긴 이른가요?

그럼 이 설명을 듣고 꼭 졸업하세요^^

|  |  |  |  |
|---|---|---|---|
| 아이스크림 먹을 때 혀 모양 기억나시죠? | ア | マ | 인마의 마로 외웠을 때 턱 아래로를 기억해요 |
| 우산에 손잡이 있어야죠 | ウ | ワ | ウ(우)에서 꼭지 떼고 와 떼노 와 |
| 쿠크다스 모양 | ク | ケ | 영어 K를 오른쪽으로 기울여서 케 |
| 쿠크다스 모양 | ク | タ | 많을 다(多) 한자를 기억해요 |
| 오줌 시(쉬) 아래에서 꺾여요 | シ | ツ | つ(츠)를 연상해서 쓰는 법 위에서 꺾여요 |
| 응가도 아래에서 꺾여요 | ン | ソ | 소뿔 소 위에서 꺾여요 |
| ふ(후)에서 머리 부분만 가져왔어요 | フ | ラ | ら(라)를 연상해서 외워요 |

| 설명 | 글자 | 글자 | 글자 | 설명 |
|---|---|---|---|---|
| 코드 기억나시죠? | コ | ユ | ヨ | 요트의 선채 모양 |
| | | 그래유 | | |

발음 듣기
발음의 비밀

발음의 비밀을 풀어드릴게요!

이제 당신은 모든 일본어를 읽을 수 있어요.

1. 탁하게 〈탁음゛〉
2. 반만 탁하게 〈반탁음゜〉
3. 반모음처럼 〈요음〉
4. ㅅ받침처럼 〈촉음っ〉
5. ㅇ받침처럼 〈ん발음〉
6. 길게 하는 〈장음〉

## ❶ 탁하게 〈탁음〃〉

앞에서 외웠던 히라가나, 가타카나는 모두 청음이라고 해요.

맑고 청량하게 발음한다는 뜻이에요.

지금부터 배울 발음은 '탁하게' 해주세요.

큰따옴표처럼 생긴 두 개의 점을 붙여줍니다.

まんが

망가

만화

か ➔ が

(카) (가)

おでん

오뎅

어묵

て ➔ で

(테) (데)

| | | | | |
|---|---|---|---|---|
| 가 が | 기 ぎ | 구 ぐ | 게 げ | 고 ご |
| 자 ざ | 지 じ | 즈 ず | 제 ぜ | 조 ぞ |
| 다 だ | 지 ぢ | 즈 づ | 데 で | 도 ど |
| 바 ば | 비 び | 부 ぶ | 베 べ | 보 ぼ |

## ❷ 반만 탁하게 〈반탁음°〉

동그라미 하나를 오른쪽 위에 붙여 주면 됩니다.

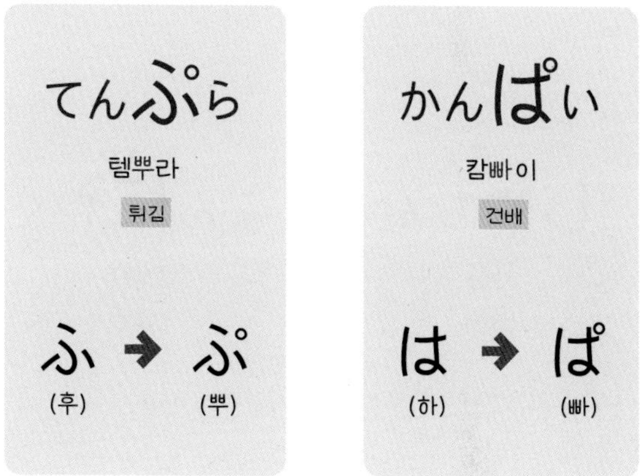

* 어두에서는 [ ㅍ ]으로, 어중에서는 [ ㅃ ]으로 발음해요.

## ③ 반모음처럼 〈요음〉

**い + や、ゆ、よ**

い단 + (야) (유) (요)

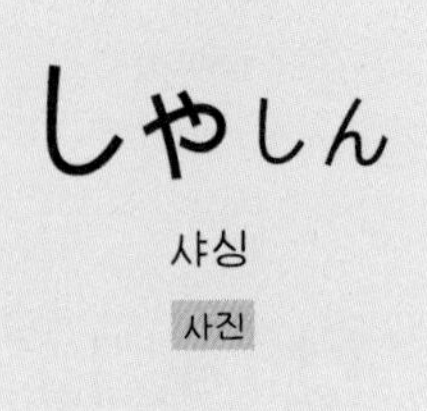


こんにゃく

콘냐꾸

곤약

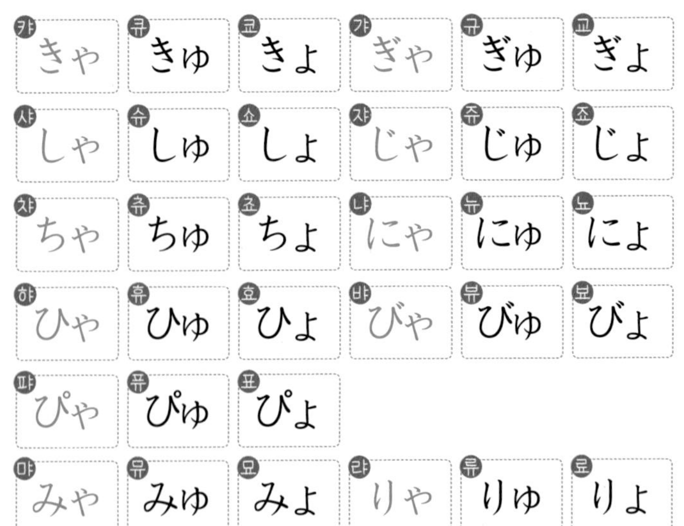

캬 きゃ
큐 きゅ
쿄 きょ
갸 ぎゃ
규 ぎゅ
교 ぎょ
샤 しゃ
슈 しゅ
쇼 しょ
쟈 じゃ
쥬 じゅ
죠 じょ
챠 ちゃ
츄 ちゅ
쵸 ちょ
냐 にゃ
뉴 にゅ
뇨 にょ
햐 ひゃ
휴 ひゅ
효 ひょ
뱌 びゃ
뷰 びゅ
뵤 びょ
퍄 ぴゃ
퓨 ぴゅ
표 ぴょ
먀 みゃ
뮤 みゅ
묘 みょ
랴 りゃ
류 りゅ
료 りょ

## ❹ ㅅ받침처럼 〈촉음っ〉

つ를 작게 적어요. 우리말의 'ㅅ'받침과 비슷하나 한 박자예요.

뒤에 오는 음에 따라 'ㄱ, ㅂ' 받침처럼 발음되기도 해요.

ちょっと まって

쵸ㅅ또 마ㅅ떼

잠시 기다려

(1) 'ㄱ'받침처럼 되는 경우

がっこう

가ㄱ꼬-

학교

작은つ + か행(か、き、く、け、こ)

(2) 'ㅂ'받침처럼 되는 경우

いっぱい

이ㅂ빠이

가득

작은つ + ぱ행(ぱ、ぴ、ぷ、ぺ、ぽ)

(3) 'ㅅ'받침처럼 되는 경우

まって

마ㅅ떼

기다려

작은つ + さ행(さ、し、す、せ、そ) / た행(た、ち、つ、て、と)

## ❺ ㅇ받침처럼 〈ん발음〉

ん은 뒤에 오는 음에 따라 'ㄴ, ㅁ, ㅇ'받침처럼 발음해요.

한 박자라는 것을 기억해주세요!

### (1) 'ㄴ'받침처럼 되는 경우

へんたい

헤ㄴ따이

변태

ん + さ、ざ、た、だ、な、ら행

### (2) 'ㅁ'받침처럼 되는 경우

かんぱい

카ㅁ빠이

건배

ん + ま、ば、ぱ행

### (3) 'ㅇ'받침처럼 발음되는 경우

みかん

미까ㅇ

귤

ん + か、が행 / ん으로 끝날 때

## ❻ 길게 하는 〈장음〉

앞 글자를 길게 발음하는 거예요. 한 박자예요.

(1) あ단 + あ

おかあさん
오까-상
어머니

(2) い단 + い

おいしい
오이시-
맛있다

(3) う단 + う

くうき
쿠-끼
공기

(4) え단 + え 또는 い

おねえさん
오네-상
언니, 누나

せんせい
센세-
선생님

(5) お단 + お 또는 う

おおい
오-이
많다

ほんとう
혼또-
정말

* 가타카나의 장음은 ―으로 표시해요.　コーヒー 코-히- (커피)

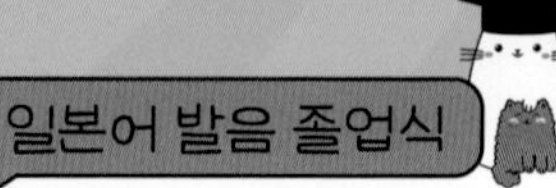


히라가나 졸업한 당신

가타카나 졸업한 당신

일본어 발음 졸업한 당신

이제 당신은 모든 일본어를 읽을 수 있어요.

(한자의 어려움이 있긴 하지만요)

그래도 여기까지 아무나 할 수 있는 것은 아닙니다.

이것을 토대로

일본어 초급을 넘어 중급으로,

중급을 넘어 고급으로,

원하시는 목표를 향해 꾸준히 달려가시길 바랍니다.

여러분의 빛나는 일본어를 응원하겠습니다.

그동안 수고 많으셨어요!

Memo

Memo